TOP 10
TRAVEL

세계인의 버킷 리스트 여행지

아이슬란드 링로드

ICELAND RING ROAD TOUR

세계인의 버킷 리스트 여행지

아이슬란드 링로드

초판 1쇄 인쇄 | 2015년 7월 15일
초판 1쇄 발행 | 2015년 7월 21일

글·사진 | 조대현
펴낸이 | 전영화
펴낸곳 | 다연
디자인 | 서희정

주소 | 경기도 파주시 문발로 115, 404호
전화 | 070-8700-8767
팩스 | 031-814-8769
이메일 | dayeonbook@naver.com

ISBN 978-89-92441-66-7 (03920)

※ 일러두기 : 본 도서의 지명은 현지인의 발음에 의거하여 표기하였습니다.

TOP 10
TRAVEL

세계인의 버킷 리스트 여행지

아이슬란드 링로드

글·사진 I 조대현

다연
DAYEONBOOK

아이슬란드 여행 준비

아이슬란드 여행 1:1 컨설팅

비교해보아요

더 알아보아요

아이슬란드를 여행하는 또 다른 방법, 캠핑

아이슬란드

여행 준비

preparation

01. 머리말

시시각각 얼굴을 바꾸는 낯선 풍경을 만날 수 있는 여행지가 아이슬란드이다. 아이슬란드에서는 자연이 써 내려간 한 편의 서사시를 경험할 수 있다. 아이슬란드를 여행하다 보면 '왜 지금까지 아이슬란드를 여행하지 못했을까?' 하는 후회와 더불어 '꼭 가봐야 하는 여행지에 아이슬란드가 빠진 그동안의 선정 기준은 무엇일까?'라는 의문이 든다. 그만큼 아이슬란드는 아름다운 태초의 자연을 몸소 겪으며 체험할 수 있는 최고의 여행지이다.

상극의 성질을 지닌 얼음과 불이 서로 심하게 다투며 만들어낸 아이슬란드에는 해발고도가 높아질수록 풀 한 포기, 나무 한 그루 찾아보기 힘든 황량한 풍경이 이어진다. 오래전 뜨거운 용암이 흘러내리며 내어놓은 산의 고랑들은 마치 자연의 붓질이 지나간 듯 오묘하고 신비롭다.

낯선 시간, 낯선 공간만큼 상대의 진짜 모습을 알 수 있는 기회도 드물 것이다. 익숙하지 않은 아이슬란드에서 매 순간 새로운 모습을 발견하고 경험의 폭을 넓힐 수 있는 책을 쓰도록 노력했다. 시리도록 차가운 빙하의 냉정함도 화산처럼 끓어오르는 열정도 아이슬란드에서라면 가능하다. 우리 자신을 향한 이해의 폭을 넓힐 수 있다. 아이슬란드에서라면 뭐든 만날 수 있을 테니까.

02. 링로드란?

아이슬란드를 둘러싸고 있는 1번도로를 반지 모양의 링을 닮았다고 하여 흔히 링로드 (Ring Road)라고 부른다. 1번도로인 링로드를 따라 남쪽으로 이동하면 스코가포스를 비롯해 아름다운 해안의 절경이 있는 디르홀레이, 빙하를 체험하는 요쿨살론을 다양하게 볼 수 있다. 동부의 피오르드 해안의 경우, 굴곡진 해안을 따라 피오르드를 체험하면서 높은 산맥을 올라가면 겨울도 체험할 수 있다. 다양한 모습을 볼 수 있는 남동부는 얼음의 땅이라 불릴 만하다.

동부 에이일스타디르에서 데티포스를 지나 크라플라 지대를 가면 비티(Viti) 분화구, 땅이 부글부글 끓고 있는 흐베리르, 태초의 지구 모습 같은 레이흐뉴크르 지대가 있다. 미바튼 네이처 바스에서 온천을 즐기고 나면 북부를 왜 불의 땅이라고 하는지 알 수 있다. 북부의 불과 남부의 얼음을 합쳐 아이슬란드를 흔히 불과 얼음의 땅이라고 부른다.

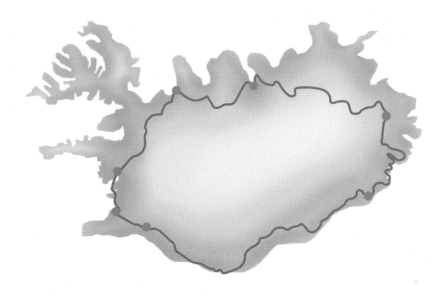

ICELAND RING ROAD TOUR
아이슬란드 링로드

그림세이

후사비크

아쿠레이리

고다포스
흐베리르
미바튼

데티포스

크라플라
(비티, 레이흐뉴크르)

에이일스타디르 세이디스피오르

듀피보구어

바트나요쿨

호픈

스카프타펠 국립공원 요쿨살론

04. 아이슬란드 여행 준비 밑그림 그리기

아이슬란드에 대한 관심이 뜨겁다. 특히 여름에 아이슬란드 캠핑 여행을 준비하는 여행자들이 늘고 있다. 아이슬란드는 현재 유럽에서 가장 캠핑을 많이 가는 나라로 유명하다. 여름에는 백야로 해가 지지 않아 활동 시간이 길어서 캠핑을 즐기려고 하는 여행자들은 계속 늘어날 것으로 판단된다.

평소에 꿈꾸던 아이슬란드 여행을 가기로 결정했다면, 준비를 철저히 해야 한다. 준비가 안 되었다면 일반적인 렌터카로 아이슬란드를 여행하는 것이 더 좋을 수 있다. 아이슬란드 여행은 패키지 여행 코스를 따라가도 문제가 없지만 1주일 이상의 아이슬란드 여행이라면 신비한 아이슬란드 풍경을 보는 게 좋다. 평소에 가졌던 환상을 현실화하는 여행을 만들어보자.

일단 가고 싶은 아이슬란드 도시를 지도에 적고 나서 일정을 만들자. 처음 떠나는 아이슬란드 여행이라면 너무 이것저것 많은 것을 보려고 욕심부리지 말고, 좀 내려놓고 준비하는 게 좋다. 아이슬란드 여행은 보는 것도 중요하지만 평생 잊지 못할 추억을 만드는 것이 여행의 포인트이다.

다음을 보고 전체적인 여행의 밑그림을 그려보자.

1
캠핑 여행? 렌터카 여행?
(여행의 형태 결정)

2
나의 가능한 여행 기간, 비용은?
(여행 기간 & 예산 짜기)

3
해외 여행?
항공권부터 알아보자!
(항공권 /성수기 여행은 빨리 구입)

4
아이슬란드에는 어떻게 가지?
(여권 만들기)

5
보고 싶고 먹고 싶은 게 많아?
(여행지 정보 수집)

6
꼼꼼한 일정은 필수!
(여행 일정 짜기)

7
하루에 얼마나 쓸까?
리스트 작성!
(여행 경비 산출하기)

8
필요한 서류는 없을까?
(해외 여행 필요 서류 만들기)

9
유로(€)? 크로나(kr)? 뭘로 바꾸지?
(환전하기)

10
왜 이리 필요한 게 많지?
(여행 가방 싸기)

11
공항으로 이동

12
드디어 아이슬란드로 출발!

밑그림을 그렸다면 일단 항공권을 구하는 것이 가장 중요하다. 전체 여행 경비에서 항공권이 차지하는 비중이 가장 큰데, 다들 항공권을 너무 몰라서 낭패를 보는 경우가 많다. 항공권은 일찍 결재할수록 싸다. 우리나라의 여름인 6월 말부터가 아이슬란드 여행 성수기라, 봄에 항공권을 구입해야 가장 저렴하게 구입할 수 있다. 아이슬란드 항공권은 성수기인 6~8월에는 항공권이 몹시 비싸, 봄보다 50~150만 원까지 비쌀 수 있는 만큼 중요하게 생각해야 한다.

아이슬란드행 직항 비행기는 아직 없다. 런던에 가서 저가항공인 이지젯이나 와우항공을 아침에 이용하여 오전에 케플라비크에 도착하는 방법, 핀에어나 스칸디나비아항공을 이용해 바로 케플라비크로 이동하는 방법이 있다. 스칸디나비아항공은 2회 경유를 하고 핀에어는 1회 경유라 편하지만 스칸디나비아항공의 요금이 더 저렴하다.

Point 여행 Q & A

가고는 싶은데 어떻게 준비하죠?

작년부터 항공권과 숙소, 현지 교통수단 등만 예약한 후 떠나는 자유 여행이 대세다. 항공권, 숙소, 현지 교통수단만 확정되어 있으면 도시 내의 여행 일정은 이 책을 참고하면 크게 어려움은 없다. 자유 여행으로 간다고 겁낼 필요는 없다.
여행이 처음이라도 관광지 여행 방법은 대부분 비슷하다. 보고 싶은 게 비슷하니 추천 일정으로 계획하고 항공권과 숙소만 예약하면 된다. 또한 혼자서 계획하고 다녀오면, 자유 여행에 대한 자신감이 생겨 다음 해외 여행은 쉽게 갈 수 있다. 다음의 여행 순서에 따라 자유 여행을 준비하고 떠나보자. 평생의 추억이 생길 것이다.

아이슬란드를 다 보려면 얼마나 걸리나요?

아이슬란드 여행은 대체로 1~2주 정도면 여행이 가능하다. 수도인 레이캬비크를 시작으로 아이슬란드를 둘러싼 도로인 1번도로를 따라 골든서클, 남부 지방(스코가포스, 비크, 요쿨살론, 호픈), 동부지방(에이일스타디르, 세이디스피오르), 북부 지방(아쿠레이리, 미바튼, 크라플라)을 보는 1~2주 정도의 코스가 현재 아이슬란드 여행의 일반적 일정이다. 가능한 코스부터 생각하고 여유롭게 일정을 계획하자.

위의 질문에는 정답이 없다. 보면 볼수록, 가면 갈수록 매력적인 아이슬란드는 한 번으로 절대 진면목을 다 느낄 수가 없기 때문에 자신의 상황에 맞게 계획을 세우는 것이 중요하다.

먼저, 총 여행 기간과 보고 싶은 도시를 정하자. 아이슬란드 여행이 처음이라면 평소 가고 싶었던 도시를 정하고 그 도시를 기점으로 다음 도시를 정하면 된다.

이제 결정하고 준비를 시작해보자.

05. 따라만 하면 아이슬란드 여행 준비 OK!

아이슬란드 여행을 떠나고자 한다면 먼저 언제, 어디로, 기간, 어떻게 가야 할지 생각해야 한다. 또한 이동 시간을 고려해 일정을 계획해야 한다. 주로 잡는 일정을 만들어놓았으니 참고하여 그대로만 가면 문제가 없을 것이다.

여기에 아이슬란드 여행 준비 과정을 일정별로 요약했다.

"언제부터 여행을 떠나기 위한 준비를 하는 것이 좋을까요?"라는 질문을 많이 받는다. 정답은 없다. 하지만 보통 일주일 이상의 아이슬란드 여행은 최소 3개월 전부터 준비하는 것이 좋다. 그래야 항공권을 싸게 구입할 수 있기 때문이다.

3개월 전 : 항공권 구매

출발하기 3개월 전부터는 여행 준비를 시작하는 게 좋다. 아이슬란드 여행은 평소 꿈꾸던 여행인 경우가 대부분인데, 정작 어떻게 준비할지 몰라 어려워하는 경우가 많다. 하지만 결코 어렵지 않다.

3개월 전부터는 항공권부터 알아봐야 한다. 보통 여름에 아이슬란드를 많이 가기 때문에 봄부터 항공권을 알아봐야 한다. 가겠다고 결정하였다면 기간을 생각해야 한다. 대학생들은 시간은 많고 비용이 부족하고, 직장인은 시간은 적고 비용은 풍족한 경우가 많다.

대부분은 생각만 하다가 귀찮고 어렵다는 이유로 여행사의 패키지를 알아보는데, 패키지 여행으로는 추억을 만들 수 없다.

내가 원하는 날짜에, 내가 원하는 기간 동안 떠나고 싶으면 3개월 전에는 항공권을 알아봐야 저렴한 항공권 구매가 가능하다. 항공권은 여행 경비를 줄이는 데 큰 역할을 한다. 다른 거 아무리 아껴도 항공권 가격만큼 아끼기는 힘들다. 싼 티켓일수록 일찍 종료되니 바로 알아보자.

40일 전 : 여행 루트와 일정 만들기

항공권 구매로 출발 날짜와 기간이 정해지면 상상 여행을 해보자. 가고 싶은 도시에서 하고 싶은 버킷 리스트를 적고 나서, 우선 스마트폰으로 여행 정보를 알아보고, 서점에서 여행 서적을 보면 좋다. 아이슬란드로 여행을 결정했다면 간단한 각 지역의 정보를 알고 가야 한다. 도시에서 무엇을 할 수 있는지 모르고 간다면 재미없는 여행이 될 수 있다. 나중에 여행을 다녀온 장소조차 모르는 경우가 생긴다. 아는 것만큼 보게 되고 보는 것만큼 알게 되는 것이 여행이다.

여행지에 대한 정보가 생겼다면 지도를 보고 도시를 보면서 루트를 짜야 한다. 많은 지역을 다 가고 싶겠지만 가고 싶은 모든 도시를 다 여행하기란 쉽지 않다. 처음 여행이라면 '많은 도시 겉핥기' 여행이 보통의 방법인데, 아이슬란드는 1번도로를 따라 링로드를 한 바퀴 도는 계획이 좋다. 처음 가는 아이슬란드여행은 대부분 여행 루트가 비슷하다. 그러니 다른 이들의 여행 루트를 참고하면 쉽게 일정을 만들 수 있다.

1개월 전 : 서류 준비(일정도 다시 점검)

이제 본격적인 여행 준비를 해야 한다. 필요 서류는 여권. 다른 나라처럼 국제학생증, 유스호스텔 회원증이 필요하지 않아 편리하다. 예전에는 직접 구청이나 유스호스텔 연맹을 찾아가 발급받았지만 요즘은 인터넷으로 쉽게 신청하고 우편으로 받으면 된다. 항공권 구매 시 예약한 여행사에 물어보면 수수료 없이 대행해주는 경우도 많으니 물어보자.

15일 전 : 여행 루트, 일정, 경비 재확인

15일 전부터는 마음이 급해진다. 여행 루트와 일정을 다시 점검해서 변경 사항은 빨리 결정하고 여행 비용도 확인해보자. 의외로 루트와 일정을 과다하게 잡아 비용이 초과되는 경우가 아주 많다. '어차피 한 번 가는 여행이니 쓰고 오자!'라고 생각했다가 다녀온 후 카드값이 너무 많이 나와 여행 후유증이 심한 경우를 많이 보았다.

다시 꼼꼼히 경비를 확인하자. 미흡한 정보가 있다면 꼼꼼히 살피자. 아이슬란드 여행을 다녀온 이들의 경험도 도움이 많이 된다.

여행의 하루 경비는 대체로 지역에 상관없이 5~10만 원 정도 생각하면 좋다. 환전은 미리 유로나 달러로 해두고 은행의 환전 쿠폰을 적극 활용하면 환전 수수료를 많이 줄일 수 있다.

10일 전 : 여행 물품 구입

여행의 느낌이 오기 시작하는 시기이다. 여행에 필요한 물품들을 리스트를 보면서 꼼꼼히 확인해야 한다. 새로 구입하기보다는 집에 있는 물품으로 충당하고, 없는 물품은 지인들에게 빌려 쓰는 편이 좋다. 꼭 필요한 물품만 구입하자.

출발 1일 전 : 여권 등 여행 준비물 확인

반드시 전날에 공항까지의 교통편을 미리 확인하고, 현지 공항에 내려서 숙소까지의 위치와 교통편을 스마트폰에 저장해두는 것이 좋다. 외국 지도를 보는 게 처음에는 쉽지 않다. 여권, 항공권, 환전한 경비 등 여행 준비물을 빠짐없이 확인하고 잠자리에 들어야 다음 날 급하지 않다.

출발 당일 : 미리 공항에 도착하기

출발 당일에는 여행 물품 리스트를 보면서 여권과 물품을 확인한다. 공항에는 출발 2시간 30분~2시간 전까지는 도착해야 한다. 같이 가는 일행이 있다면 더욱 시간을 잘 지켜야 한다. 처음부터 싸우는 빌미가 되기도 하기 때문이다.

약속 장소에 늦게 도착한 일행과 첫인상이 나빠지고, 같이 출발하는 인원의 수속이 늦어져 문제가 생기는 경우도 있다. 마지막으로 여권, 여행 물품, 경비를 공항에서 반드시 확인하고 출발하자.

▲인천국제공항

06. 항공권을 싸게 구입하고 싶어요!

해외 여행에서 가장 많이 차지하는 부분이 항공 요금이다. 항공 비용만 아껴도 아이슬란드 여행 비용을 50~150만 원까지도 줄일 수 있다. 한 푼이 아쉬운 배낭 여행자라면 부지런히 움직여 조금이라도 일찍 항공권 정보를 알아보아야 한다. 그래야 남들보다 좀 더 싼 티켓을 구할 수 있다.

항공권의 기본 상식

항공권은 어떻게 하면 싸게 구할 수 있을까? 누구나 목적지까지 바로 가면서 편안한 항공권을 원하지만, 누구나 원하기 때문에 저렴할 수 없다. 저렴한 항공권은 다른 곳을 경유하고, 불편하며, 이런저런 까다로운 조건이 많이 붙는다. 지금부터 항공권을 알아보자.

▶직항과 경유
특별한 이유가 없다면 직항편보다 경유하는 항공편이 당연히 더 저렴하다. 경유 항공권은 시간이 좀 더 걸리고 경유지에서 비행기를 갈아타야 하는 불편함은 있지만, 가격은 훨씬 저렴한 것이 일반적이다. 아이슬란드까지의 직항은 아직 없다. 핀에어를 타고 헬싱키를 경유하거나 스칸디나비아항공을 타고 북경과 코펜하겐의 2개 도시를 경유해야 한다.

일반적인 항공기의 등급에 대해 알아보자.

▶클래스(등급)
비행기 좌석은 퍼스트, 비즈니스, 이코노미의 3등급으로 나뉘며, 이코노미 클래스가 가장 저렴하여 여행자 대부분이 택하고 있다. 같은 이코노미 클래스도 조건에 따라 가격 차이가 많다. 먼저 티켓의 유효 기간이 짧을수록 가격이 저렴하다. 보통 가장 짧은 것은 7~14일 정도이고 1개월, 3개월, 6개월, 1년 등으로 늘어날수록 가격도 올라간다. 항공사 사정으로 비행기가 뜨지 못할 때 항공사에서 비즈니스나 퍼스트로 바꿔 태워주는 경우도 있다. 완전 횡재하는 것이다.

▶추가 확인 사항

리턴 변경 가능 여부, 마일리지 적립 여부, 연령대 등이 확인해야 하는 대표적 부가 조건이다. 리턴 날짜를 고정하고 마일리지 적립이 안 되고 낮은 연령대(만 12세)라면 상대적으로 저렴하다. 무엇보다 일찍 항공권을 구입하면 항공 비용을 절약할 수 있다. 국적기보다는 해외 항공사가 상대적으로 저렴하니 일찍 해외 항공사의 티켓을 알아보면 싸게 구입할 수 있다.

위와 같은 조건은 인터넷 구매 시 '비고 항목'이나 '전화 상담'을 통해 확인할 수 있다. 제일 싼 티켓이 제일 좋은 티켓은 아니므로, 비고 항목을 반드시 확인하자. 또 발권 후 취소하면 전체 금액이 다 환불되지 않는 티켓들도 있으니 잘 확인해야 한다.

온라인 할인 항공권도 비교하자!

해외 여행이 대중화된 요즈음은 편하게 저렴한 항공권을 구할 수 있다. 인터넷만으로 영업하는 전문 여행사, 포털사이트, 인터넷 쇼핑몰 등의 여행 카테고리를 활용하면 저렴한 항공권 구입이 가능하다. 여러 항공사의 상품을 한눈에 비교할 수 있고, 각종 부가 조건을 손쉽게 확인할 수 있다.

단, 싸고 좋은 항공권은 일찍 구입해야 하고, 예약 후 24시간 이내에 발권해야 한다는 단서가 흠이다. 여러 사이트에서 가격 비교를 하고 실제로 구매 직전까지 검색을 하여 화면에 나타난 항공권 가격과 같은지, 구매가 가능한지를 반드시 확인해야 한다. 한 개 여행사의 홈페이지에 자주 들어가서 확인하는 습관을 가지면 어렵지 않게 찾을 수 있다.

돌아갈 날짜를 바꾸고 싶다면?

1주일 이상의 긴 여행이 대부분인 아이슬란드는 귀국 날짜를 대체로 바꾸지 않지만 가끔 현지 사정으로 바꿔야 할 때도 있다. 여행지가 마음에 들어 계속 체류하고 싶거나 혹은 관광지가 마음에 안 들어 더 이상 머물고 싶지 않아서 돌아가는 날짜를 바꾸고 싶다면 '리턴 변경 가능'인지 확인해야 한다.

만일을 대비해 항공권은 '리턴 변경 가능'을 조건으로 구매하는 것이 좋다. 일반적으로 1회 변경은 좌석이 비어 있는 경우 무료 또는 약간의 수수료를 지불하면 손쉽게 가능하다. 바꾸고 싶다면 구매한 여행사에 전화나 이메일로 리턴 변경을 요청한다. 그쪽에서 OK 사인만 떨어지면 만사 해결된다. 항공권은 처음에 받은 것을 사용해도 된다.

주의! 저가항공을 탈 때 미리 준비하자!

3시간 정도의 짧은 비행이라고 저가항공을 탈 때 보통의 항공 탑승처럼 아무것도 준비없이 타면 아침에 배가 고플 수도 있다. 비행기에서 구입해 먹을 수도 있지만 가격이 상대적으로 비싸고 양이 적다.

07. 여권 만들기

외국으로 여행을 하려면 반드시 여권이 필요하다. 주민등록증이 대한민국에서 자신의 신분증이듯 해외에서는 여권이 신분증 역할을 한다.

여권을 신청해서 구청이나 시청에서 받으면 여행이 시작되는 것처럼 설레기 시작한다. 전자여권 발급이 시작되면서 한때 발급 기간도 길어져 문제가 되었지만 지금은 5일 정도면 여권이 나오니 걱정하지 않아도 된다. 여권은 만들 수 있는 곳의 제한이 없어졌다. 서울의 각 구청과 각 지방의 구청 여권과에서 여권을 만들 수 있으니 근처 구청이나 시청으로 가면 된다.

여권 종류는 일반여권, 단수여권(병역 미필자), 관용여권(정부 기관 출장)으로 나뉜다. 일반여권은 발급 후 5년(재발급 시 10년 사용) 사용 가능하고 단수여권은 발급 후 1년간 1회의 해외 여행에만 사용할 수 있다.

일반여권

1. 여권 발급 신청서

각 구청과 시청, 도청의 여권과에서 쉽게 만들 수 있다. 신청서 작성 시 관련 직원에게 물어보고 정확히 본적과 호주, 가족의 주민등록번호를 기입한다. 신청서에 적은 내용이 여권에 그대로 나타나므로 반드시 본인이 확인해야 한다. 미성년자의 경우 법정대리인, 부모가 여권 명의인 이름으로 대리서명이 가능하다.

2. 여권용 사진 2장 (8세 이상 대상, 발급 비용 10년 55,000원, 5년 47,000원)

여권 발급 개시 이후 사진에 대한 규제가 좀 까다로워졌다. 사진관에 가면 잘 설명해주니 확인하여 여권용 사진으로 찍으면 된다. 확인 사항은 다음과 같다.

① 최근 6개월 이내에 촬영한 천연색 정면사진으로, 귀가 보이게 하여 얼굴 양쪽 끝부분 윤곽이 뚜렷하고 어깨까지만 나와야 한다.
② 사진 바탕은 반드시 흰색, 옅은 하늘색, 밝은 베이지색 바탕의 무배경으로, 테두리가 없어야 하며, 자연스러운 피부색이어야 한다.
③ 모자, 제복, 흰색 계통의 의상을 착용한 사진은 안 된다.
④ 정면을 응시하고 눈을 뜬 사진으로 머리카락이 눈을 가려서는 안 되며, 입은 다물고 있어야 한다.
⑤ 안경, 렌즈에 조명이 반사되지 않고 눈동자가 보여야 한다.
⑥ 디지털 사진은 고품질, 고해상도로 프린트해야 한다.
3. 신분증(주민등록증, 운전면허증 또는 공무원증)

단수여권(발급 비용 20,000원)

1. 위의 일반 여권 구비 서류(1~3)
2. 25세 이상의 군 미필자 - 국외 여행 허가서(병무청에서 인터넷 발급)
3. 미성년자(18세 미만) - 신분증이 없는 미성년자의 경우 부 또는 모의 여권 발급 동의서 및 동의인의 인감증명서 각 1부(부 또는 모가 신청 시 면제)

위 서류는 직접 여권과에 접수할 때 필요한 서류이다. 혹시 여행사에 대행을 의뢰했다면 위 서류 외에 발급을 확인하기 위해 주민등록 등본이 추가로 필요하다. 또 여행지에서 분실 시 다시 재발급을 받을 수도 있으니 3~4장 정도 여권용 사진을 더 가지고 있으면 좋다.

군 미필자의 국외 여행 허가서 발급 간소화

2007년부터 24세 이하 군 미필자는 국외 여행 허가를 받지 않아도 국외 여행이 가능하다. 출국 신고를 하지 않아도 되고 만 24세가 되는 해의 12월 31일까지 5년 이내 복수여권 발급이 가능해졌다. 예전에는 군대 다녀오기 전에 외국 한번 나가려면 재산세 납부 확인서를 제출하고 보증인 2명을 세워야 했는데 정말 간단해졌다.
25세 이상자 및 공익근무요원 등 대체 복무 중인 자는 현행 제도를 유지한다. 24세 이전 출국해 25세 이후까지 계속 체류하고자 하는 경우는 25세가 되는 해의 1월 15일까지 반드시 허가 신청서를 제출, 국외 여행 허가를 받아야 한다.

여권의 유효 기간 연장과 기재사항 변경

유효 기간 연장은 여권 기간의 횟수에 관계없이 여러 차례 재발급 신청이 가능하나(최초 여권 발급일로부터 총 10년을 초과하는 기간 연장 재발급은 할 수 없다) 일반 복수여권에만 해당 되며 단수여권은 1회용 여권으로 유효 기간 연장 대상에서 제외된다. 여권은 유효 기간 이 6개월 이상 남아 있지 않을 경우 비자 발급이나 입국이 거절되는 경우도 있기 때문에 유효 기간을 연장한 후 출국해야 한다. 기간 연장 수수료는 25,000원, 기재 사항 변경은 동반 자녀의 추가 또는 분리 등 여권에 기재된 사항에 변경이 있는 경우 신청할 수 있다. 동반 자녀의 추가 또는 분리 수수료는 5,000원이다.

여권 재발급

여권의 유효 기간 연장·분실·훼손, 한글 성명·주민번호 정정, 영문 이름 변경 시 재발급 을 받는다.

1. 분실 시

여권 분실 신고서, 여권 재발급 사유서, 여권 발급 신청서, 여권 용 사진 2장, 주민등록증 또는 운 전면허증, 발급 비용 55,000원

2. 훼손 재발급

현재 가지고 있는 여권, 여권 발 급 신청서, 여권용 사진 2장

3. 여행지에서의 여권 재발급

먼저 분실한 도시의 가까운 경찰 서로 가 분실증명서를 만들어 해 외 주재 한국대사관이나 영사관 에서 여행자증명서를 발급받는 다. 이때 진술서, 분실증명서, 사 진 2매, 잃어버린 여권번호와 발 급일이 필요하다. 요즘은 해외에 서 여권 재발급이 1일 안에 가능 하니 잃어버려도 당황하지 말자.

08. 공항 도착부터 출국 수속까지

① 공항 도착
출발 2시간 전에는 도착

② 카운터로 이동
스칸디나비아항공은 우리나라에 지점이 없어 대한항공이나 아시아나를 타고 북경, 도쿄, 상해로 이동 후 스칸디나비아항공을 이용해야 하는 불편함이 있다.

③ 카운터 도착, 체크인 시작
줄을 서서 차례를 기다린 후 탑승 체크인을 시작한다.

④ 여권과 항공권 제시
좌석 선택, 짐 부치기, 보딩패스 받기

⑤ 보안검색
보안검색은 액체류를 반드시 미리 확인하고 주머니의 동전까지 다 내놓아야 한다. 바지의 벨트도 검색대를 통과시켜야 한다.

⑥ 탑승동으로 이동
외국 항공사는 1층으로 이동하여 열차를 타고 다른 탑승동으로 이동하기 때문에 면세점에 들르지 말고 이동을 먼저 한다. 이동한 탑승동에도 면세점이 있다.

⑦ 출발 게이트로 이동
면세점 쇼핑 후 출발 시각 30분 전까지 도착하자. 진에서는 출발 게이트(Gate)가 거리가 멀어서 위치를 확인하고 쇼핑을 해야 늦지 않는다.

⑧ 보딩패스 준비 및 탑승
출발 시간 30분 전 정도에 탑승을 시작한다. 사전에 보딩패스를 준비하고 자신의 자리를 확인하자.

아이슬란드 여행
1:1 컨설팅

Consulting

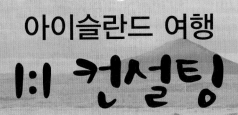

아이슬란드 여행에 대한 강의를 하면서 가장 많이 받는 질문을 모아 Q & A 형식
으로 정리했다. 이 내용을 순서대로 따라가다 보면 아이슬란드 여행을 쉽게 준비
할 수 있을 것이다.

01. 항공권은 어떤 게 좋은가요?

현재 아이슬란드로 가는 직항은 없다. 핀에어를 타고 헬싱키까지 가서 아이슬란드의 케플라비크로 가는 것이 가장 빠른 방법이다. 네덜란드의 암스테르담이나 영국 런던으로 들어가 시간에 맞는 아이슬란드에어를 미리 구입해 타고 들어가는 것도 좋은 방법이다. 스칸디나비아항공은 아이슬란드의 케플라비크까지 갈 때 2회 경유하도록 되어 있어 불편하지만 가장 저렴한 항공권이다. 다만 경유 시에 우리나라에 지점이 없어 북경이나 오사카 혹은 동경으로 가서 입국심사를 받고 다시 출국심사를 받아야 하는 불편이 있다.

현재 아이슬란드에어가 유럽 전역에 취항하고 있어 유럽에 가는 항공을 구한다면 아이슬란드에어로 케플라비크를 갈 수 있다. 또한 런던에서는 이지젯이나 와우항공 같은 저가항공도 케플라비크 노선을 운영하고 있다. 저가항공은 이 책의 '비교해 보아요' 01 부분을 참고하면 된다.

아이슬란드 가는 방법

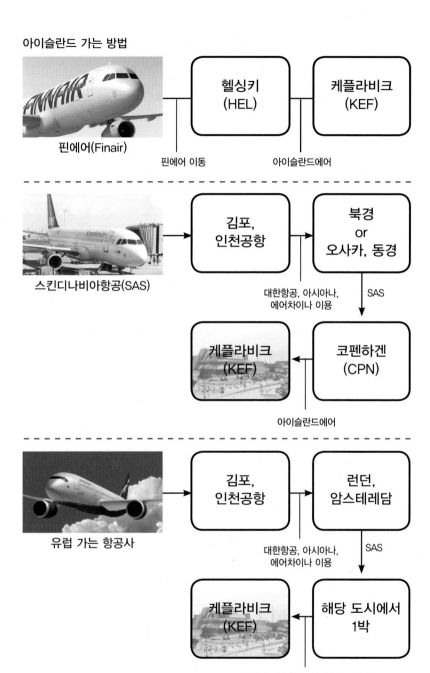

핀에어(Finair)

스킨디나비아항공(SAS)

유럽 가는 항공사

헬싱키 (HEL) — 케플라비크 (KEF)

핀에어 이동   아이슬란드에어

김포, 인천공항 → 북경 or 오사카, 동경

대한항공, 아시아나, 에어차이나 이용   SAS

케플라비크 (KEF) ← 코펜하겐 (CPN)

아이슬란드에어

김포, 인천공항 → 런던, 암스테레담

대한항공, 아시아나, 에어차이나 이용   SAS

케플라비크 (KEF) ← 해당 도시에서 1박

이지젯, 와우항공, 아이슬란드에어

02. 아이슬란드는 렌터카로만 여행이 가능한가요?
버스로 여행하는 방법은 없나요?

아이슬란드는 아이슬란드를 둘러싸고 있는 1번도로를 따라 자동차로 여행하는 것이 편하게 세세히 여행하는 방법이다. 이 1번도로를 반지의 '링' 같다고 해서 링로드라고 부른다. 여름에는 투어버스나 버스 티켓을 이용해 아이슬란드 일주와 일부분 여행도 할 수 있다. 겨울에는 노선이 많이 줄어들어 수도인 레이캬비크 근처와 남부를 주로 이용할 수 있다.

아이슬란드는 렌터카를 이용하여 여행하는 경우가 더 많지만 요즈음은 가까운 서부나 남부는 버스를 타고 여행하기도 한다. 또한 투어를 이용하여 아이슬란드를 일주하는 경우도 많다. 유럽의 젊은 청춘들은 자전거를 타고 한 달 정도의 기간을 잡아 아이슬란드를 일주하기도 한다. 혼자서 아이슬란드를 여행할 때 렌터카를 이용하면 교통 비용이 더 많이 든다. 렌터카는 두 명 이상이 여행할 때 주로 이용하는 방법이다. 홀로 여행할 때는 교통 경비도 줄이고 다른 여행자들을 사귈 수도 있는 버스투어를 추천한다.

아이슬란드 장거리 버스는 4개의 회사가 운영하고 있다. 관광객의 증가로 소규모 버스 회사가 많아지고 있다. 버스 회사는 BSI라는 조직에서 관리하기 때문에 BSI 버스터미널(레이캬비크 시내지도 참조)로 가면 레이캬비크에서 출발하는 모든 버스 투어의 정보를 알 수 있다.

또한 버스패스도 구입이 가능하다. 관광안내소에 가면 버스투어와 버스패스에 대한 설명을 들을 수 있고 구입도 가능하다. 대부분의 노선은 6 ~ 9월에 1번도로를 따라 주요 도시와 서부 피오르드 지역으로 가도록 운영된다. 10월부터는 일부 구간에서만 버스 운행이 되니 BSI에서 확인해야 한다. 단, 노선버스는 하루에 1회 정도 운행하므로 시간을 잘 확인해서 여행 루트를 짜야 한다.

아이슬란드를 운행하고 있는 버스 회사와 운행 지역

버스 회사	홈페이지	운행 지역
레이캬비크 익스커젼스 (+354-580-5400)	www.re.is	케플라비크 국제공항과 레이캬비크의 구간과 골든서클, 남쪽 아이슬란드 노선
SBA-노르뒤르레이드 (+35-550-0700)	www.sba.is	아이슬란드 북쪽 지역(아쿠레이리와 근교)과 동부 지역(에이일스타디르와 세이디스피오르)
스테르나 (+354-551-1166)	www.sterna.is	아이슬란드 전역을 운행하고 있는 유일한 회사
스토르누빌라르 (+354-456-5518)	www.stjornubilar.is	서부 피오르드 지역을 운행하는 유일한 회사

▲레이캬비크 익스커젼스

▲SBA-노르뒤르레이드

▲스테르나

레이캬비크 익스커전스 버스패스

패스 종류	가격	운행 지역
하이라이트 패스포트 (Highlights passport)	38,000~ 65,000kr	레이캬비크 근교와 남부, 즉 싱벨리어 국립공원, 게이시르, 굴포스, 란드만나라우가, 요쿨살론 등을 여행할 수 있는 패스이다.
하이랜드 서클 (Highland circle passport)	51,000kr	아이슬란드의 높은 지역인 스프랭기산뒤르, 키윌뤼르를 통과해 아이슬란드 북부를 돌아보는 패스

※레이캬비크 익스커전스 회사의 6, 9, 10, 11, 12, 14, 15, 16번 버스와 SBA-노르뒤르레이드 회사의 610, 641, 661번 버스를 무제한으로 이용할 수 있는 장점이 있다.

스테르나 버스패스

패스 종류	가격	운행 지역
풀서클 패스포트 (Full circle passport)	35,000kr	1번도로를 따라 도는 순환도로를 한쪽 방향으로 한 바퀴 돌 수 있는 패스로 원하는 곳에서 내릴 수 있다.
풀서클 & 서부 피오르드 (Full circle & the Westfjords passport)	51,000kr	풀서클 패스포트에 서부 피오르드 지역을 볼 수 있는 패스
아이슬란드 서부 & 서부 피오르드 (The West of Iceland & the Westfjords passport)	25,000kr	서부 피오르드와 스나이펠스네스 반도를 돌아오는 패스
스나이펠스네스 반도 (Snæfellsnes passport)	16,000kr	레이캬비크에서 출발해 스나이펠스네스 반도를 한 바퀴 돌아 다시 레이캬비크로 돌아오는 패스

※분실 시 재발급받을 수 있으나 환불은 받을 수 없다. 스테르나패스는 타고 지나간 코스는 다시 탈 수 없으니 조심해서 패스를 타야 한다. 다시 돌아가려면 추가로 패스를 구입해야 하기 한다.

아이슬란드의 투어 회사들

아이슬란드에는 많은 투어 회사가 운영되고 있다. 관광객이 늘어나고 있어 작은 규모의 회사가 계속 설립되고 있다. 레이캬비크에서 근교를 운행하는 투어가 가장 많고, 남부 아이슬란드를 운행하는 경우가 다음으로 많다.

요즘은 서부의 스나이펠스네스 반도를 운행하는 회사들도 조금씩 늘고 있다. 그래서 레이캬비크 근교와 남부는 투어를 이용하여 여행하거나 렌터카를 이용하는 경우가 대부분이다. 아이슬란드 북부와 동부를 여행할 때는 버스패스를 이용한다.

레이캬비크에서 투어를 운영하는 대표적인 투어 회사들

버스 회사	홈페이지	운행 지역
아이슬란드 가이디드 투어스 (+354-580-5400)	www.icelandguiededtours.is	케플라비크 국제공항과 레이캬비크의 구간과 골든서클, 남쪽 아이슬란드 노선
버스트레블 아이슬란드 (+354-511-2600)	www.bustravel.is	아이슬란드 북쪽 지역(아쿠레이리와 근교)과 동부 지역 (에이일스타디르와 세이디스피오르)
아이슬란드 익스커전스 (+354-551-1166)	www.icelandexcurssions.is	아이슬란드 전역을 운행하고 있는 유일한 회사

※레이캬비크 익스커전스와 스테르나에서도 레이캬비크 근교와 남부로 가는 투어 상품을 운영하고 있다.

▲아이슬란드 가이디드 투어스

▲아이슬란드 익스커전스　　　▲버스트레블 아이슬란드

03. 렌터카는 어떻게 예약하나요?

아이슬란드에는 글로벌 렌터카업체인 Hertz, Avis, Thrifty, Sixt 등 유명한 업체가 많다. 가장 작고 싼 차를 선택해도 7일에 120만 원이 넘는다. 7일간 유류비만 50만 원 정도 든다. 하지만 아이슬란드의 로컬 렌터카업체 Go iceland는 7일에 70만 원 정도로 훨씬 저렴하다.

렌터카 회사에서 주는 지도에 주유소의 위치가 상세히 나와 유용하다. 1번도로에는 N1 주유소가 많고, 5일간 기름값으로 약 7만kr 정도 든다.

▼아이슬란드의 렌터카업체들

렌터카 이용 안내

① 국제운전면허증 발급

국제운전면허증은 경찰서에서 발급 가능하다. 준비물은 본인 여권, 운전면허증, 여권용 사진이나 반명함판 1매이고 7,000원의 수수료가 있다. 바로 발급해주기 때문에 여권과 국제운전면허증의 영문 이름이 일치하는지 꼭 확인해야 한다.

② 렌터카 예약

렌터카는 인터넷으로 예약할 수 있다. 아이슬란드에서는 '유니렌트'라는 회사가 저렴하다. 한국에서 미리 렌트하려는 경우, 식스트 같은 글로벌 렌터카업체를 이용하면 비용은 비싸지만, 한국지사에서 확인하고 아이슬란드에서 렌트할 수 있다.

③ 렌터카를 예약할 때 수동(M)인지 오토(A)인지를 확인한다. 렌터카 대여 시 모니터 화면에서 가운데에 수동을 나타내는 M과 오토를 나타내는 A를 직접 확인하면 된다.

④ 대부분의 사람은 렌터카 여행이 처음이기 때문에 내비게이션을 준비하는 것이 좋다. 한국에서 한국어 지원이 되는 내비게이션 대여도 가능하기 때문에, 가능하다면 한국에서 준비해서 가는 것이 좋다(http://www.leeha.net에서 대여 가능).

한국에서 준비를 못했을 경우, 차량을 렌트할 때 옵션으로 내비게이션을 선택하면 영어 지원이 되는 내비게이션 대여가 가능하다. 요즘은 스마트폰에 있는 구글 맵을 활용하거나 유럽 지도 관련 애플리케이션을 받아서 활용할 수도 있다. 하지만 큰 도로가 표시되어 있고 각 도시의 위치 파악 정도가 가능한 지도를 같이 준비해야 문제가 생겼을 때 당황하지 않고 대처할 수 있다.

⑤ 렌터카를 받을 때 주유구 열기 버튼 위치를 확인해야 주유 시 당황하지 않는다.

아이슬란드 렌터카 온라인으로 예약하기

아이슬란드를 여행할 때에 렌터카는 매우 중요하지만 렌터카 예약이 쉽지는 않다. 이제 렌터카 예약 및 렌터카로 아이슬란드를 여행하는 방법과 세부적인 문제들을 살펴보자.

아이슬란드를 여행할 때는 해안을 따라 나 있는 1번도로를 잘 이용해야 한다. 렌터카보다 중요한 것이 내비게이션을 가지고 가는 건데, 해외에서 쓰는 가민 내비게이션은 한국어 버전이 있어 많이 사용되지만 빌리는 데 하루에 1만 원 이상이다. 여행 카페 등에서 중고가 15만 원 정도에 거래되고 사실상 미리 내비게이션을 구입하나 빌리나 차이는 별로 없다.

먼저 아이슬란드 렌터카는 현지업체인 Be Iceland가 있지만 차량에 문제가 생겼을 때 우리나라에 전화를 하여 도움을 받을 수 있는 글로벌업체 식스트를 정하면 조금 더 편할 것이다.

① 식스트 홈페이지(www.sixt.co.kr)로 들어간다.

② 좌측에 예약란이 있다. 해외예약을 클릭한다.

③ Car Reservation에서 여행 날짜 및 장소
를 정해서 선택하고 아래의 Calculate
price를 클릭한다(대개 케플라비크 국제공
항을 많이 선택함).

④ 차량을 선택하라고 나온다. 이때 세 번째 알파벳이 'M'이면 수동이고 'A'이면 오토(자동)이다. 우리나라 사람들은 대부분 오토를 선택한다. 차량에 마우스를 대면 Select Vehicle이 나오는데, 클릭한다.

VW Golf
Saloons (CLMR)

Price per day: **KRW**
103,367.35
Total: KRW 723,571.43

Chevrolet Cruze STW
Estates (IWMR)

Price per day: **KRW**
111,913.22
Total: KRW 783,392.56

Chevrolet Trax
SUV (CFMR)

Price per day: **KRW**
127,393.26
Total: KRW 891,752.83

Dacia Duster
SUV (IFMN)

Price per day: **KRW**
133,724.28
Total: KRW 936,069.96

Premium class
Chevrolet Captiva
SUV (FFAR)

Price per day: **KRW**
150,402.62
Total: KRW 1,052,818.32

⑤ 차량에 대한 보험을 선택하라고 나오
면 보험금액을 보고 선택한다.
Gravel Protection은 자갈에 대한 차
량 문제일 때 선택하라는 말이고, 세
번째는 Ash and Sand로, 말 그대로
화산재나 모래로 인한 차량 문제가
생겼을 때 선택하라는 이야기이다.
선택을 하고 넘어간다. 이때 세 번째
에 나오는 문장은 패스한다.

⑥ Pay upon arrival은 현지에서 차량을 받을 때 결재한다는 말이고, Pay now online은
바로 결재한다는 말이니 본인이 원하는 대로 선택하면 된다. 이때 온라인으로 결재하
면 5% 정도 싸지만 취소할 때는 3일치의 렌트비를 떼고 환불받을 수 있다는 것을 기억
하자. 다 선택하면 Accept rate and extras를 클릭하고 넘어간다.

⑦ 세부적인 결재 정보를 입력하는데 *가 나와 있는 부분만 입력하고 밑의 Book now를 클릭하면 예약번호가 나온다.

Dear Mr. CHO,

Many thanks for your Reservation. We wish you a good trip.

Your Sixt Team

Reservation number: 9810507752

Location of Sixt pick-up branch: Please check in advance the details of your vehicle's pickup.

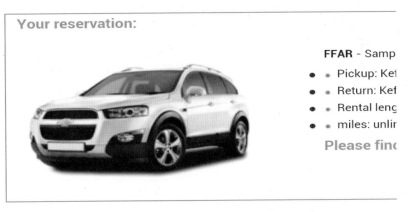

Your reservation:

FFAR - Samp

- Pickup: Ke
- Return: Ke
- Rental len
- miles: unli

Please fin

⑧ 예약번호와 가격을 확인하고 예약번호를 인쇄해 가거나 적어가면 된다.

⑨ 이제 다 끝났다. 현지에서 잘 확인하고 차량을 인수하면 된다.

04. 숙소는 어떻게 예약해야 저렴할까요?

아이슬란드의 숙소는 게스트하우스, 유스호스텔, 호텔, 개인 아파트, 팜할러데이스로 나눌 수 있다. 다른 나라의 숙소는 게스트하우스나 유스호스텔이 저렴하게 묵을 수 있고 호텔이 시설이 좋지만 100% 정확하지는 않다. 현재 아이슬란드 관광객이 많이 늘어나면서 개인들이 게스트하우스와 아파트라는 이름으로 숙박시설을 만들고 있는데, 저렴하고 새로 지어 시설이 매우 좋다. 이 숙소를 잘 찾아보면 저렴하고 시설이 좋은 숙소 이용이 가능하다.

호텔을 이용할 때도 다른 나라들과 차이가 있다. 아이슬란드 호텔들은 싱글, 트윈, 더블을 정하고 나면 유스호스텔처럼 공용 욕실과 공용 화장실을 이용하는 요금부터 호텔의 이용료가 시작된다.
공용 욕실과 화장실을 이용하는 단계부터 룸 안에 화장실과 샤워실이 있는 다음 단계까지 금액이 나누어진다.

05. 아이슬란드 여행 일정은 며칠이 적당할까요?

아이슬란드는 보통 7일 일정으로 가장 많이 여행한다. 하지만 작년부터 아이슬란드 여행 일정이 2주까지로 길어지는 경우도 많아지고 있다.

13박 14일 아이슬란드 탐험 코스

레이캬비크(2) – 골든서클(1) – 란드만나라우가 트레킹(2) – 스코가포스 – 디르홀레이 – 비크 – 요쿨살론 – 호픈(1) – 듀피보구어 – 에이일스타디르 – 세이디스피오르(1) – 데티포스 – 크라플라 화산 지대 – 미바튼(1) – 아쿠레이리(1) – 후사비크(1) – 서부 스나이펠스네스 반도(2) – 블루라군(1)

10박 11일 구석구석 아이슬란드 일주 코스

레이캬비크(2) – 골든서클(1) – 스코가포스 – 디르홀레이 – 비크 – 요쿨살론 – 호픈(1) – 듀피보구어 – 에이일스타디르 – 세이디스피오르(1) – 데티포스 – 크라플라 화산 지대 – 미바튼(1) – 아쿠레이리(1) – 후사비크(1) – 서부 스나이펠스네스 반도(1) – 블루라군(1)

8박 9일　인기 있는 아이슬란드 코스

레이캬비크(1) – 골든서클(1) – 스코가포스 – 디르홀레이 – 비크 – 요쿨살론 – 호픈(1) – 듀피보구어 – 에이일스타디르 – 세이디스피오르(1) – 데티포스 – 크라플라 화산 지대 – 미바튼(1) – 아쿠레이리(1) – 블루라군(1) – 레이캬비크(1)

7박 8일　아이슬란드 일주 코스

레이캬비크(1) – 골든서클(1) – 스코가포스 – 디르홀레이 – 비크 – 요쿨살론 – 호픈(1) – 듀피보구어 – 에이일스타디르 – 세이디스피오르(1) – 데티포스 – 크라플라 화산 지대 – 미바튼(1) – 아쿠레이리(1) – 블루라군(1)

편안한 레이캬비크 근교 투어 코스

레이캬비크(2) – 골든서클 – 서부 스나이펠스네스 반도(2) – 스코가포스 – 디르홀레이 – 비크 – 요쿨살론 – 호픈(1) – 블루라군(1)

5박 6일　효도 관광 코스

레이캬비크(2) – 골든서클(1) – 서부 스나이펠스네스 반도(1) – 블루라군(1)

2박 3일　유럽인들의 단기 여행 코스

레이캬비크(1) – 골든서클 – 블루라군(1)

06. 링로드를 따라 여행할 때 비포장도로가 있나요?

일반적인 링로드를 따라 여행할 때 비포장도로는 2곳이 있다. 듀피보구어에서 에이일스타디르를 갈 때 나오는 939번도로와 데티포스를 갈 때 나오는 864번 도로이다. 하지만 에이일스타디르를 갈 때 나오는 비포장도로는 세이디스피오르를 지나가면 비포장도로의 회피가 가능하고 데티포스도 862번도로를 타면 회피가 가능하다.

데티포스의 경우에는 864번도로를 타고 가는 데티포스의 왼쪽 부분이 정말 장관이라 이 부분을 보려면 반드시 비포장도로를 타고 이동해야 한다. 이 864번도로는 눈이 많은 겨울이 아니라면 타이어에 펑크가 날 정도의 도로는 아니라서 많이 이용한다.

07. 아이슬란드 여행 지역을 일정에 따라 어떻게 정해야 할까요?

아이슬란드 여행과 유럽의 다른 나라 여행에서 가장 다른 부분이 여행 일정을 계획하는 부분이다. 유럽의 도시를 정해 3일이든 5일이든 도시를 여행하고 다른 도시로 이동하는 방식이 아닌, 하루를 여행지를 돌아다니는 여행방식이다.

도시를 점으로 생각한다면 점을 돌아다니는 방법이 아닌 도로를 따라 여행하는 선의 여행방식이다. 한마디로 점 여행이 아닌 선 여행이라는 사실이다. 다음 페이지에 세부적인 일정을 샘플로 만들어놓았으니 참고하면 편하게 여행할 수 있다.

아이슬란드 여행 표준 1(6박 7일)

누구와? 시간이 없는 직장인에게 특히 추천하는 여행

여행 일정 아이슬란드 여행의 가장 일반적인 일정

엑티비티 블루라군, 미바튼 네이처 바스,
빙하 트레킹, 고래 투어

숙박 시간이 빠듯하니 숙박은 미리 모두 결정할 것

	여정	km	분	비고	숙소
1일차	• 케플라비크 도착				스코가포스
	• 렌터카 인수				
	• 레이캬비크	50	45	간단한 장보기	
	• 싱벨리어	49	60		
	• 게이시르	60	30		
	• 굴포스	10			
	• 스코가포스				
2일차	• 디르홀레이				호픈
	• 비크				
	• 요쿨살론			빙하 보트 투어	
	• 호픈				
3일차	• 듀피보구어	104			데티포스
	• 에이일스타디르	86			
	• 세이디스피오르	24		화산 지대	
	• 데티포스	48		데티포스 근처까지 이동	
4일차	• 고다포스	40			아쿠레이리
	• 후사비크	53		고래 투어	
	• 아쿠레이리				
5일차	• 글라움베어	101		잔디지붕마을	레이캬비크
	• 그라브록	199		2중 분화구	
	• 레이캬비크	99		시내 관광	
6일차	• 레이캬비크			시내 관광 – 파이프오르간 연주 관람	공항 근처 숙박
	• 케플라비크 국제공항	50			
	*총거리	1546			
7일차	• 케플라비크 국제공항 출발				아이슬란드 여행 종료
	※ 총 6박 7일간의 캠핑 여행 참조				

아이슬란드 여행 표준 2(7박 8일)

누구와?	시간이 없는 직장인에게 특히 추천하는 여행
여행 일정	아이슬란드 여행 중 가장 많이 선택하는 일정
엑티비티	블루라군, 미바튼 네이처 바스, 빙하 트레킹, 고래 투어
숙박	일주일 일정으로 시간이 빠듯하니 숙박은 미리 모두 결정할 것

날짜	여정	엑티비티	숙소	비고
1일차	• 레이캬비크 시내 • 골든서클 루트 • 싱벨리어 국립공원 • 게이시르 • 고다포스	싱벨리어 국립공원 스노클링	골든서클	렌터카 픽업
2일차	• 골든서클 → 비크 이동 • 케리오 분화구 • 셀랴란드포스 • 스코가포스 • 검은 모래 해변(Black Sand Beach) • 솔헤이마센두르 • 플레인 렉(Plane Wreck) 장소 관광 • 스카프타펠 국립공원		스카프타펠	
3일차	• 스카프타펠 → 호픈 이동 • 스카프타펠 국립공원 빙하 트레킹 • 스바르티포스 • 듀피보구어	스카프타펠 빙하 트레킹 보트 관람 @Jokulsarlon Glacial Lagoon	듀피보구어	렌터카 픽업
4일차	• 동쪽 피오르드 지방		에이일스타디르 세이디스피오르	
5일차	• 데티포스 • 남사스카로 • 스쿠투스타오기가 분화구 • 크라플라 지대 • 미바튼 호수	미바튼 네이처 바스	미바튼	
6일차	• 고다포스 • 후사비크 고래 투어 • 아쿠레이리 이동 • 시내 투어 • 박물관 투어	고래 투어 & 낚시 아쿠레이리 수영장 즐기기		
7일차	• 서부 스나이펠스네스 반도 이동(약 5시간 소요) • 이동 중간 글라움베어 • 잔디지붕마을 체험 • 그라브록 2중 분화구 • 스티스홀뮈르 • 스나이펠스네스 국립공원 • 지구 속 여행 동굴 체험 • 블루라군	블루라군 즐기기	스나이펠스네스 반도	
8일차	• 케플라비크 국제공항 출발			

아이슬란드 여행 표준 3(8박 9일)

날짜	1일차		2일차		3일차		4일차	
	시간	계획	시간	계획	시간	계획	시간	계획
여정	16:00	케플라비크 도착	09:00	차량 렌트 완료, 마트 장보기	10:00	스코가포스 아침 산책 완료	07:00 ~9:00	스카프타펠 도착, 스카프타펠 국립공원, 빙하 트레킹
	17:30~ 16:00	레이캬비크 이동	11:00 ~12:00	레이캬비크 → 싱벨리어 국립공원	11:00 ~12:00	스코가포스 → 디르홀레이로 이동 (코끼리 바위, 검은 모래 해변)		
	20:00	레이캬비크 시내 구경	13:30 ~14:00	싱벨리어 → 게이시르	14:00 ~15:00	비크로 이동 교회 구경 휴게소 옆 산책로	17:00 ~18:00	요쿨살론으로 이동, 빙하 체험, 호픈으로 이동
			15:00 ~15:30	게이시르 → 굴포스				
			18:00 ~20:00	굴포스 → 스코가포스	18:00	휴식		
세부 내용	시내 구경 마트 장보기		조·중식은 마트 음식으로 해결, 석식은 레스토랑		출발 전 마트 장보기			
숙 소	레이캬비크		스코가포스		비크		호픈	
비 교			마트 : Bonus, Netto		방수팩			

52

누구와?	가족, 부부, 친구와 특히 좋은 여행
여행 일정	아이슬란드 여행 중 두 번째로 많이 선택하는 일정
엑티비티	블루라군, 미바튼 네이처 바스, 요쿨살론, 빙하 보트 투어, 스카프타펠 빙하 트레킹, 고래 투어
숙박	캠핑 여행을 준비한다면 숙박만 캠핑으로 바꾸면 된다

9일 캠핑 일정표

5일차 시간	5일차 계획	6일차 시간	6일차 계획	7일차 시간	7일차 계획	8일차 시간	8일차 계획	9일차 시간	9일차 계획
10:00 ~17:00	호픈에서 듀피보구어 이동, 피오르드 3개 타고 에이일스타 디르로 이동, 석식 및 카페 구경	09:00 ~13:00	데티포스로 이동	09:00 ~10:00	고다포스로 이동, 고다포스	09:00 ~11:00	아쿠레이리 박물관 투어, 글라움베어로 이동	05:30	공항으로 이동
19:00~ 20:00	세이디스 피오르로 이동	09:00 ~13:00	크라플라로 이동, 레이흐뉴크르 – 트레킹	11:00 ~12:00	후사비크로 이동 고래 투어	~12:00 13:00	글라움베어의 잔디지붕마을		
		18:00 ~19:00	미바튼으로 이동, 미바튼 네이처 바스	18:00 ~19:00	아쿠레이리로 이동	13:00 ~18:00	블루라군으로 이동		
						19:00 ~21:00	블루라군 ACE게스트 하우스		
출발 전 마트 장보기						블루라군 온천			
세이디스피오르		미바튼		아쿠레이리		레이캬비크 캠핑장이나 편안하게 숙소로			

아이슬란드 세부 여행(12일)

누구와?   2주일 이상 여행이 가능한 여행자

여행 일정   아이슬란드를 천천히 자세히 보고 싶은 일정

엑티비티
달빅에서 달빅 고래 투어 추천
서부 지방의 지구 속 여행의 무대인 동굴 탐험 추천
스카프타펠 빙하 트레킹
블루라군, 미바튼 네이처 바스

숙박   여행 일정 이동이 힘들지 않으니 미리 숙박은
예약하면 편하다

날짜	여정	엑티비티	숙소	비고
1일차	• 레이카비크 시내	블루라군		렌터카 픽업
2일차	• 골든서클 루트 • 싱벨리어 국립공원 • 게이시르 · 고다포스	싱벨리어 국립공원 스노클링	골든서클 (싱벨리어 국립공원, 게이시르, 굴포스)	

날짜	여정	엑티비티	숙소	비고
3일차	• 골든서클 → 비크 이동 • 케리오 분화구 • 셀라란드포스 • 스코가포스 • 검은 모래 해변 • 솔헤이마센두르 플레인 렉 • 스카프타펠 국립공원	출발 전 마트 장보기		
4일차	• 스카프타펠 → 호픈 이동 • 스카프타펠 국립공원 빙하 트레킹 • 스바르티포스	스카프타펠 빙하 트레킹 보트 관람 @Jokulsarlon Glacial Lagoon	스카프타펠	
5일차	• 호픈 → 에이일스타디르 이동 • 동쪽 피오르드 지방		호픈	
6일차	• 에이일스타디르 → 미바튼 이동 • 데티포스 • 스쿠투스타오기가 분화구 • 크라플라 지대 • 미바튼 호수	미바튼 네이처 바스	에이일스타디르	
7일차	• 미바튼 → 후사비크 이동 • 미바튼 호수 자전거 투어 • 고다포스 • 후사비크 고래 투어	고래 투어 & 낚시	미바튼	
8일차	• 후사비크 → 아쿠레이리 이동 • 아쿠레이리 이동 • 시내 투어 • 박물관 투어 • 달빅 숙박	아쿠레이리 수영장 즐기기	아쿠레이리	
9일차	• 달빅 → 서부 스나이펠스네스 반도 이동 (약 5시간 소요) • 이동 중간 글라움베어 • 잔디지붕마을 체험 • 그라브록 2중 분화구 • 스티키스홀위르			
10일차	• 서부 시장 → 레이캬비크 이동 • 스나이펠스네스 국립공원 • 지구 속 여행 동굴 체험 • 레이캬비크 이동		스나이펠스네스	
11일차	• 레이캬비크 → 블루라군 • 블루라군		온천 수영장 즐기기	
12일차	• 케플라비크 국제공항 출발		골든서클	

엑티비티 중심의 아이슬란드 여행(10일)

누구와? 아이슬란드의 자연 속에서 엑티비티를 즐기고 싶은 여행자에게 추천

여행 일정 일반적인 엑티비티는 4시간 이상이 소요되므로 10일 정도 시간이 필요하다

엑티비티 래프팅, 스노클링, 빙하 트레킹, 빙하 보트 투어, 동굴 체험, 고래 투어, 낚시, 블루라군, 미바튼 네이처 바스

숙박 엑티비티는 여유롭게 시간이 필요하므로 일정이 뒤바뀔 수 있다. 3일 정도의 숙박만 미리 예약한다

일차	시간	일정	km	분	비고	숙소
1일차	09:10	케플라비크 도착			핀에어로 헬싱키에서 08:45 출발	레이캬비크
		렌터카 인수			간단한 장보기	
		레이캬비크	50	45	시내 관광, 장보기	
		*총거리				

일차	시간	일정	km	분	비고	숙소
2일차	08:00	싱벨리어	49	60		굴포스
		게이시르	60	30		
		굴포스	10	15		
		*총거리				
3일차		스코가포스				스카프타펠 숙박
		디르홀레이	50	50		
		비크				
		스카프타펠(빙하 트레킹)				
		*총거리	315			
4일차		요쿨살론			빙하 보트 투어	데티포스
		호픈				
		듀피보구어	104			
		*총거리	318			
5일차		에이일스타디르	86			
		데티포스				
		*총거리	365		화산 지대	
6일차		크라플라	169			미바튼
		미바튼	24		호수 걷기, 온천	
		고다포스	40			
		후사비크				
		*총거리				
7일차		아쿠레이리	53	50	시내 관광	글라움베어
		달빅				
		*총거리	193			
8일차		글라움베어(잔디지붕마을)	101			레이캬비크
		그라브록	199			
		보르가네스	31		2중 분화구	
		레이캬비크	75			
		블루라군			시내 관광	
		*총거리	305			
9일차		레이카비크			스나이펠스네스 반도 여행으로 변경 가능	공항 근처
		케플라비크 국제공항	50			
10일차		케플라비크 국제공항 07:20 출발				아이슬란드 여행 종료
		헬싱키				
		인천				
	참조	*래프팅, 빙하 트레킹, 빙하 보드 투어, 고래 투어, 낚시, 블루라군, 미바튼 네이처 바스				

08. 아이슬란드에서 필요한 준비물을 알려주세요!

아이슬란드 링로드 여행 준비물 체크리스트

품목	Check	품목	Check
여권		반팔 티(5)	
항공권		긴 옷 한 벌	
유레일패스		점퍼(1)	
체크카드(신용카드)		바지(4)	
현금		속옷(5)	
여행 가이드북		양말(3)	
도로지도		머리끈	
물티슈		모자	
여행용 티슈		선글라스	
수건(면수건, 스포츠수건)		필기도구	
선크림		노트	
치약(2)		라면	
칫솔(2)		고추장	
샴푸		숟가락, 젓가락	
린스		카메라	
바디샴푸		메모리	
두통약		우산, 방수재킷	
감기약		트레킹화(방수)	
소화제		멀티어뎁터	
지사제		슬리퍼	
대일밴드		침낭(호텔에서 요구 시)	
연고		얇은 패딩	

※ 겨울 아이슬란드 여행 추가 준비물
  핫팩(1일 : 1~2개), 두꺼운 패딩점퍼, 방수 겨울바지, 목도리, 장갑,
  운동화(젖었을 때를 대비), 두꺼운 겨울양말, 체인스프레이

- **스나이펠스네스 반도** : 반지의 제왕, 잃어버린 세계를 찾아서
- **스코가포스** : 토르 2, 노아
- **비크** : 드래곤 길들이기 1, 2
- **스카프타펠 국립공원** : 배트맨 비긴즈
- **요쿨살론** : 007 뷰 투 어 킬
- **세이디스피오르** : 월터의 상상은 현실이 된다
- **데티포스** : 프로메테우스
- **미바튼** : 노아
- **크라플라** : 오블리비언

최근 2년 사이에 아이슬란드에서 촬영한 할리우드 영화가 많이 늘었다. 아이슬란드의 풍광이 빼어나고 다양한 자연의 모습을 촬영할 수 있기 때문이며 히말라야나 시베리아의 풍경, 또 남태평양의 모습도 보인다.

〈인터스텔라〉에서 보았던 화성의 모습도 촬영이 가능하다. 아이슬란드라는 하나의 나라에서 모든 원하는 촬영이 가능하기 때문에 굳이 호주나 캐나다로 가지 않는다.

영화 촬영을 할 때 고층건물이나 고속도로 등의 인공 건축물이 노출되지 않는 것도 장점이다. 게다가 여름에는 해가 지지 않는 백야 때문에 촬영 시간에 쫓기지 않는 것도 대단한 장점이다. 이런 장점 때문이라도 아이슬란드에서 촬영하는 영화가 많아지는데, 아이슬란드 정부는 발빠르게 영화 촬영에서 세금 중 20%를 환급해주면서 할리우드 영화의 촬영이 정점을 찍고 있다.

아이슬란드와 관련된 영화 Top 10

① 인터스텔라

최근에 아이슬란드에 대한 관심을 상승시킨 가장 큰 공을
세운 영화이다. 아이슬란드가 험난한 바다의 세상이자 얼
음과 암석의 세상으로 등장한다. 놀란 감독은 10년 전 〈배
트맨 비긴즈〉를 촬영할 때 아이슬란드를 방문하였고, 〈인
터스텔라〉의 탐험 장면을 촬영하기에 아이슬란드가 적합
하다는 생각을 가지게 되었다고 한다.

아이슬란드의 다양한 지형은 영화 속 두 행성을 담기에
적합하다. 20세기 무분별한 지구의 사용으로 식량 부족
현상이 오고 미국의 나사도 해체되었다. 남은 인류는 새
로운 곳을 탐험해 인류를 구해야 하는 임무가 부여되어
우주로 찾아가는데, 그 안에서 가족의 사랑을 그린 영화
이다. 영화에 등장하는 왕복 탐사선과 착륙선 등의 우주

선은 모두 실제 크기로 제작된 실물로서 각각 4.5톤이 넘는다. 이 우주선은 분해되어 아
이슬란드까지 이동되었고, 얕지만 끝이 보이지 않는 브루나산두르 호수는 물 행성에서
우주선이 착륙한 장소로 사용됐다.

② 프로메테우스

리들리 스콧 감독의 SF영화 〈프로메테우스〉는 영화의 시작부터 데티포스가 나온다. 우
주선을 타고 온 외계인들이 생명의 씨앗을 뿌리는 장면이 나오는 곳이 데티포스이다. 바
트나요쿨의 만년설도 무대로 나온다.

2011년에 2일 동안 데티포스를 통제하고 영화를 찍었는
데, 아이슬란드 신문에 게시될 정도로 데티포스에서 인상
적인 장면이 나왔다.

③ 월터의 상상은 현실이 된다

아이슬란드를 배경으로 한 영화에서 가장 최근의 영화 중
하나이다. 자신의 꿈은 접어두고 16년째 라이프잡지사에
서 포토에디터로 일하고 있는 월터 미티는 유일한 취미가
상상이다. 상상으로 용감한 히어로, 로맨틱한 주인공이
되기도 한다.
하지만 잡지의 폐간을 앞두고 전설의 사진작가가 보내 온
표지 사진이 사라지는 일이 발생한다. 사진을 못 찾으면
직장에서 쫓겨나게 된 월터는 사진을 찾기 위해 사진작가
를 찾아 떠난다. 그린란드에서 아이슬란드를 거치면서 폭
발 직전의 화산으로 돌진하는 모험을 하게 된다. 월터는
전혀 예상하지 못한 곳에서 상상할 수 없는 어드벤처를
겪으면서 생애 최고의 순간을 맞이한다. 여기서 아이슬란
드의 아주 한적하고 평화로운 아름다운 장면과 폭발하는 화산이 나온다.

④ 반지의 제왕

〈반지의 제왕〉이 아이슬란드에서 촬영을 한 것은 아니다.
하지만 훗날 톨킨은 아이슬란드를 다녀와 『반지의 제왕』
을 썼다. 땅에선 김이 올라오고, 이따금 화산이 폭발하고,
뿔 달린 고래가 해안가로 밀려오는 곳. 지옥의 땅, 모르도
르의 무대가 바로 아이슬란드이다. 이 험악한 땅에 고립
돼 살아온 아이슬란드 사람들을 무대로 『반지의 제왕』을
쓴 톨킨의 소설은 우리에게는 영화로 더 알려져 있다.

⑤ 잃어버린 세계를 찾아서

10년 전 행방불명된 형을 찾아 트레버와 조카 숀, 그리고 안내원 하나가 모험을 떠난다. 쥘베른의 동명소설을 영화화한 작품으로 지구의 중심으로 가는 빅 홀에 빠져 새로운 세상과 만난다는 내용이다. 공룡, 식인 물고기, 식인 식물, 발광새 등에게 쫓기지만 다시 지구 세계로 올라오게 된다는 내용으로 아이슬란드의 트리느카이우르가 배경이 되었다. 분화구 속 길이가 120m로 화산 속을 직접 볼 수 있는 화산 동굴로, 쥘베른은 『잃어버린 세계를 찾아서』에서 화산 동굴로 들어가는 움푹 파인 지점을 지구의 중심으로 들어가는 곳으로 상상했다.

⑥ 오블리비언

2013년에 개봉한 톰 크루즈의 영화로 우리나라에서는 흥행이 잘되지는 않았다. 진 잭 하퍼(톰 크루즈)는 외계인의 침공이 있었던 지구 최후의 날 이후에 지구에 남겨진다. 그가 임무를 수행하던 중에 모르는 우주선을 발견하면서 음모를 알게 되어 지구의 운명을 걸고 전쟁을 하는 영화로, 황량한 지구의 모습을 잘 나타내고 있다.

⑦ 드래곤 길들이기 1, 2

아이슬란드 최남단의 비크(Vik)는 인구 300명의 아담한 마을이다. 검은 모래 해변이 유명한데 해변을 거닐다 보면 한가로운 망중한을 즐길 수 있는 곳이다.

이곳에서 애니메이션 〈드래곤 길들이기〉를 찍어 유명해졌다. 이곳은 트레킹 코스로 더욱 각광받고 있다. 좀 더 깊숙이 안으로 들어가면 협곡이 나오는데 주변에 높은 산들이 바람막이 역할을 해주어 캠핑 장소로도 인기가 많다.

⑧ 노아

타락한 인간 세상에서 신의 계시를 받은 유일한 인물 노아. 그는 대홍수로부터 세상을 구할 거대한 방주를 짓기 시작한다. 방주에 탈 수 있는 생명이 있는 모든 존재는 암수 한 쌍과 노아의 가족들뿐이다. 하지만 세상 사람들은 노아의 방주를 조롱하기 시작하고 가족들은 의견 대립으로 힘들어한다.

세상을 집어삼킬 대홍수의 시작으로 가족과 새로운 세상을 지켜내기 위한 노아의 드라마틱한 삶이 펼쳐지는 영화로 아이슬란드에서 찍었다. 노아는 미국에서 영화관 수입 1위를 달성한 영화이지만 우리나라에서는 흥행에 실패했다.

⑨ 배트맨 비긴즈

배트맨의 싸우는 장면이 요쿨살론 빙하에서 촬영되었다. 요쿨살론 빙하는 전 세계에서 빙하를 가장 편하게 접할 수 있는 장소이다. 브레이다머 빙하에서 떨어져나온 빙하의 유빙들이 바다로 흘러 내려가는데 그 마지막 장소가 요쿨살론 빙하 지역이다. 최근에는 빙하의 녹는 속도가 빨라져 지구온난화를 알려주기 위한 교육의 장소로도 활용하고 있고, 관광객도 끌어들이기 위해 2003년 국립공원으로 지정하고 투어 코스를 개설했다.

⑩ 토르 : 다크 월드

거대한 스케일의 배경과 볼거리가 많은 영화가 〈토르 : 다크 월드〉이다. 다크 엘프가 살던 세계를 찍기 위해 아이슬란드의 검은 화산 모래와 풍경을 영화의 장면으로 사용하였다. 사실 별 내용은 없지만 광활한 자연과 사실적인 세트가 압권이다. 해외 영화 시장에서는 어느 정도 흥행을 거둔 영화로, 아이슬란드의 자연이 압도적인 스케일로 나와 인상적이다.

이사피오르드

4.
약

(4시간)
달빅

138km
1시간~1시간 30분

52km
약 1시간

글라움베어   아쿠ㄹ
(1

8일차   185km
약 2시간

176km
1시간 30~2시간   그라브록
(1시간)

35km
약 30분

스나이펠스네스 반도

골든서클   10k
약 1

(1~2시간)   게이시르 (30분~ 1시간)

싱벨리어   2일차   굴포스
국립공원   (2~3시간)

50km
약 50분   레이캬비크
(3~8시간)

케플라비크 국제공항   1일차

145km
약 2시간 30분

3일차

블루라군

스코가포스   1
(1시간)   약

디르홀레이
(2~3시간)   비.
(1~2

28km
약 40분

이동거리
이동 소요 시간
(관람 시간)

간)

크

54km
약 1시간

(4~5시간)

8km
10~20분

크라플라 데티포스(2~3시간)

6일차

5일차

28km
약 1시간

고다 미바튼(4~8시간)
포스

2시간)

63km
약 1시간

에이일스타디르

세이디스피오르
(약 2시간)

39km
약 40분

187km
2시간 30분
~3시간 30분

143km
약 3~4시간 30분

듀피보구어
(30분~1시간)

**카프타펠
국립공원**

바퀴나예퀴틀

호픈
(1~2시간)

104km
약 1시간 30분

4일차

56km
약 50분

80km
약 1시간

요쿨살론
(1~1시간 30분)

일차

140km
1시간 30분~2시간

비교해보아요

Comparison

01

아이슬란드를 가는 두 가지 방법

바로 갈 것인가,
유럽 도시를
통해 갈 것인가?

우리나라에서 아이슬란드로 가기 위해서는 크게 두 가지 방법이 있다. 핀에어나 스칸디나비아항공을 타고 헬싱키나 코펜하겐을 거쳐 케플라비크로 들어가는 방법, 그리고 런던으로 먼저 이동한 후에 이지젯이나 와우항공, 아이슬란드에어를 타고 케플라비크로 들어가는 방법이다.

▲아이슬란드에어

런던 도착 후 하루는 런던에서 머물고 다음 날 오전이나 오후에 이동하는 방법은, 런던에서 하루가 더 소요되는 단점이 있지만 유럽 여행과 아이슬란드 여행을 한꺼번에 한다는 장점이 있다. 물론 아이슬란드에어를 타고 유럽의 다른 도시에서 케플라비크로 입국하는 방법도 있지만 항공편과 나의 일정이 잘 맞아야 가능하여 실제로는 많이 이용하지 않는다.

▲러시아항공

▼아이슬란드에어의 유럽 취항 도시들

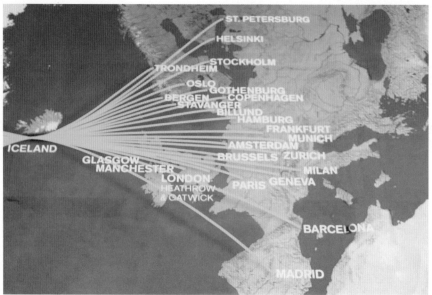

핀에어는 헬싱키까지 직항으로 이동하고 케플라비크까지 이동하여 한 번만 경유하지만 가격이 비싼 게 단점이다. 스칸디나비아항공은 북경, 상해, 동경, 오사카를 경유하여 코펜하겐을 거쳐 아이슬란드에 도착하는데 두 번 경유하고, 저녁 8시 55분에 도착한다는 게 단점이다. 스칸디나비아항공은 가격이 핀에어보다 20~80만 원가량 저렴하다는 장점도 있다.

런던을 가서 아이슬란드로 입국하는 방법은 다른 유럽을 여행하고 싶거나 런던까지의 항공권을 매우 저렴하게 구입하였다면 좋은 방법이다. 유럽에서 가장 많은 노선을 가지고 있는 이지젯은 런던에 본사가 있어 다른 유럽 국가로 쉽게 이동이 가능하고 케플라비크까지도 매일 운항하기 때문에 아이슬란드로 가는 좋은 방법이다. 하지만 런던에 도착하는 항공 시간과 이지젯의 항공 시간이 거의 달라 케플라비크는 다음 날 항공기를 이용해야 한다.
레이캬비크로 가는 저가항공은 성수기에 따라 요금 변동이 크고 운항 횟수가 달라지니, 예약 사이트에서 미리 확인해야 한다.

저가항공 구입하기

저가항공은 유럽 여행에서 잘 이용하면 아주 좋은 이동수단이다. 빠르게 돌아보는 데 편리한 교통수단이니 이용 방법을 알아보자. 저가항공은 미리 예약만 한다면 다른 어떤 교통수단보다 가격도 저렴하고 이동도 빠르다는 장점이 있다.

우선, 저가항공권 검색 방법부터 알아보자.

항공사별 노선 및 요금 등을 검색할 수 있는 대표 웹사이트에는 스카이스캐너와 위치버짓이 있다. 두 사이트 중에서 스카이스캐너가 더 편리하다.

① 스카이스캐너

▶홈페이지 : www.skyscanner.co.kr

▶특징 : 스마트폰에서 앱으로 한글 지원이 가능하다. 일정 조회만으로 항공사별 스케줄, 가격 정보 등을 확인할 수 있어 편리하다. 스카이스캐너는 항공편 검색용으로만 사용하고 예약은 해당 항공사에서 직접 하는 것이 더 좋다.

▶출발 도시와 도착 도시, 날짜, 인원수 등을 입력하고 검색을 누르면 각 항공사별 스케줄과 가격이 표시된다.

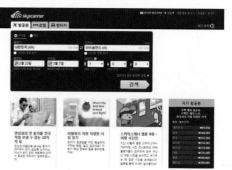

② 위치버짓

▶홈페이지 : www.whichbudget.com

▶특징 : 스카이스캐너보다 더 많은 도시와 더 많은 항공편을 검색할 수 있지만, 정확한 가격 정보는 개별적으로 항공사 홈페이지에서 확인해야 한다.

이지젯 예약

런던에 본사를 둔 이지젯은 유럽 저가항공사 중 최고로 많은 고객이 사용하는 항공사다. 이지젯 예약 방법에 대해 알아보자.

① 항공편 검색

Flying from에는 출발 도시, Going to에는 도착 도시, Outbound에는 출발일자, Return에는 귀국일자, Adult에는 인원수를 입력하면 된다.

편도일 경우에는 One way only를 체크한 후, Show lights를 클릭한다.

② 항공 선택

선택한 날짜 앞뒤로 3일 단위(3day view)의 항공 요금, 출발과 도착시간이 표시되고, 가장 저렴한 항공권에 LOWEST FARE로 확실히 알려준다. 조회된 항공 중 원하는 날짜를 클릭하면, 오른쪽 상단 Your Basket에 선택한 항공권 가격이 나타난다. Continue를 눌러 다음 단계로 이동하자.

▶특징 : 같은 항공 일정도 예약 시점에 따라 요금이 달라지기 때문에 일정이 결정되었다면 빨리 예약, 결재하는 것이 좋다. 오늘 본 항공편의 가격이 내일은 올라가 있는 경우가 비일비재하다.

③ 옵션 선택

저가 항공은 다 옵션이 있다. 대표적인 것이 수화물(Luggage), 빠르게 탑승(Speedy Boarding), 여행자보험(Travel Insurance) 등이다.

이지젯은 간단한 기내 가방 1개 정도만 기내에 반입할 수 있으니, 큰 짐이 있을 경우 반드시 Add luggage를 선택해야 한다.

선택을 안 하고 공항에서 수화물 체크를

하면 인터넷보다 요금이 훨씬 더 비싸므로 인터넷에서 항공 예약 시 수화물을 같이 신청하는 것이 좋다.

※Credit Card는 신용카드, Debit Card는 현금카드

④ 수화물 옵션 선택하기

Add luggage를 클릭하면, 오른쪽 위 Your Basket 안에 항공권 요금, 수화물 요금, 수수료 등이 포함된 총 금액이 나온다. Continue를 누르면 기본 수화물 무게는 20kg까지이고, 그 이상일 경우 추가 요금을 내야 한다.

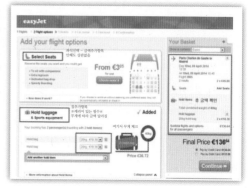

⑤ 여행자보험과 호텔 예약, 자동차 렌탈 선택

Continue를 클릭하면 여행자보험(Travel Insurance), 호텔 예약(Book your hotel now), 자동차 렌탈(Car rental) 옵션이 나온다. 그냥 넘어가면 된다. Continue를 누르고 다음 단계로 이동한다.

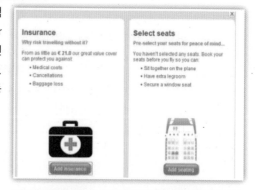

⑥ Check out

Check out 화면이 나오면 My email address is에 본인의 이메일 주소를 입력한다.

⑦ 회원 정보 입력하기

회원 정보 입력 및 결제(Fill in your
passenger details and pay) 화면이 나오
면, 파란색 박스로 표시된 부분의 회
원 정보를 모두 기입한다.

⑧ 결제

easyjet Terms and condition을 체크
하고 Book Now 버튼을 누르면 예약이
완료된다.

⑨ 예약 완료

Book Now를 클릭하면, Thank you for booking이라는 문구와 함께 항공편 일정, 결제 내용,
수화물 내용, 예약번호 등이 표시된다. 회원 정보에 등록한 이메일로도 예약 확인 메일이
발송된다.

02

아이슬란드에서 꼭 봐야 할

고래와 퍼핀

아이슬란드는 고래잡이를 합법화한 몇 안 되는 국가이다. 국제포경위원회의 규제를 받으면서 고래잡이를 하고 있어 고래 고기를 먹어볼 수 있다. 고래는 아이슬란드의 후사비크와 달빅 근처에 있다가 겨울에는 남극으로 이동한다.

특히 후사비크 근처는 여름에 많은 고래를 볼 수 있어서 고래잡이의 수도라고 할 정도이다. 맑은 날씨에는 고래 떼가 다가오며 물을 뿜어 올리는 광경을 볼 수 있다. 고래의 냄새까지 맡을 수 있을 정도로 가까이에서 볼 수 있는 거리는 아니다. 바다 위에 새들이 모여 있는 모습이 보인다면 고래가 있다는 표시이니 주의깊게 살펴보자.

고래를 봐도 어떤 고래인지 파악하는 것은 쉽지 않다. 한부리돌고래와 쥐돌고래, 밍크고래가 후사비크에서 주로 볼 수 있는 고래의 종류들이다. 혹시 멋진 혹등고래를 보았다면 매우 행운이 좋은 날일 것이다. 아주 가끔 수면 위로 높이 뛰어오르는 장면을 볼 수도 있다고 하지만 본 적은 없다.

아이슬란드에서 볼 수 있는 특이한 퍼핀은 바다쇠오리의 한 종류이다. 전 세계 퍼핀의 60%가 아이슬란드에 살고 있다고 한다. 아일랜드와 페로제도 등에도 서식하고 있다. 퍼핀은 주로 동부와 서부 피오르드 지역에서 볼 수 있다. 남부 지방에서도 볼 수 있다고 하지만 거의 가능성은 없다. 서부 피오르드 지역 중에 라우트라비아르그가 퍼핀을 보는 관광지로 유명하다.

고래 투어 진행 순서

아이슬란드에서 고래를 볼 수 있는 도시는 레이캬비크와 북부의 후사비크이다. 멀리 북부로 가지 않아도 볼 수 있어 레이캬비크에서 보기도 한다. 고래 투어(Whale Watching)는 올드하버에 사무실을 두고 있다. 하지만 호텔이나 YHA에서도 투어 신청을 받으므로 올드하버까지 이동하지 않아도 편하게 고래를 보러 갈 수 있다.

① 각 호텔이나 YHA에서 시간에 맞추어 기다리면 엘딩 투어 회사에서 차를 보내준다. 차를 타고 다른 투어 참가자들을 태우고 올드하버의 사무실로 이동하여 투어 신청자를 확인한다. 버스가 그린다비크로 출발할 때까지 기다린다.

② 그린다비크까지 이동한다. 여름에는 상당한 인원이 모여 있어 고래 투어의 인기를 실감할 수 있다. 그린다비크까지는 약 40~50분 정도가 소요된다. 그린다비크에서 내리면 투어를 나가는 배가 기다리고 있다.

▲ 고래 투어 티켓

❸ 아이슬란드의 바다 파도는 꽤 높아서 제법 큰 배로 고래 투어를 나가기 때문에 안전에는 큰 문제가 없다. 배를 타면 바닷바람이 춥기 때문에 갑판에서는 투어 회사에서 주는 두꺼운 전신 옷을 자신의 사이즈에 맞게 입는 게 좋다. 갑판에 나가서 다시 40분 정도를 이동하면 고래를 보는 지점에 도착한다.

④ 40분 정도 이동해야 하므로 실내에서 있다가 나가는 것도 좋은 방법이다. 나가서 사진도 찍으면서 기다리다 보면 가이드가 고래에 대한 설명을 해주기 때문에 팸플릿을 가지고 설명을 들으면서 고래를 볼 준비를 한다.

⑤ 고래를 보고 다시 돌아오면 약 2시간이 더 지나간다. 항구에 도착하면 바로 버스로 갈아탄다.

⑥ 레이캬비크의 올드하버에 도착하면 다시 처음에 온 차로 각자의 숙소로 데려다주면서 고래 투어는 끝이 난다.

▶ **홈페이지_** www.elding.is
▶ **위치_** 올드하버(Old Harbour)
▶ **전화_** +354-555-3565
▶ **요금_** 성인 8,800kr / 어린이 3,500kr

03

아이슬란드에서 꼭 가봐야 할 교회

할그림스키르캬와
아쿠레이랴르키르캬

수도 레이캬비크의 상징이 할그림스키르캬(Hallgrímskirkja) 교회라면 아이슬란드 제2의
도시인 아쿠레이리의 상징은 아쿠레이랴르키르캬(Akureyrarkirkja) 교회이다. 이 두 교
회를 보고 있노라면 비슷한 교회 같다는 인상이 든다. 레이캬비크의 할그림스키르캬 교
회의 건축가인 구드욘 사무엘손(Guðjón Samúelsson)에 의해 아쿠레이랴르키르캬 교회
도 건축되었다.

할그림스키르캬 교회에는 5,276개의 파이프오르간이 있고, 아쿠레이랴르키르캬 교회에
는 3,200개의 파이프 오르간이 있다. 레이캬비크에서 가장 높이 솟아 있는 상징물은 누가
뭐라고 해도 할그림스키르캬 교회이다.

할그림스키르캬교회의 파이프 오르간▲

티외르닌 호수의 동쪽 길을 따라 로우가베이걸 오르막길을 오르면, 현대식 콘크리트 건축물인 할그림스키르캬 교회가 높이 서 있다.
화산 폭발로 형성된 현무암 기둥 형태를 본떠 지어졌다. 가장 높은 73m짜리 탑의 끝으로 올라가면, 레이캬비크 최고의 경관을 볼 수 있다.

교회 앞에는 아메리카 대륙의 발견자인 레이뷔르 에릭손(Leifur Eiríksson)의 동상이 있다. 이 동상은 1930년 알싱기 설립 100주년을 기념하기 위해 미국이 선물한 것이다.

레이뷔르 에릭손 동상▶

▼할그림스키르캬 교회

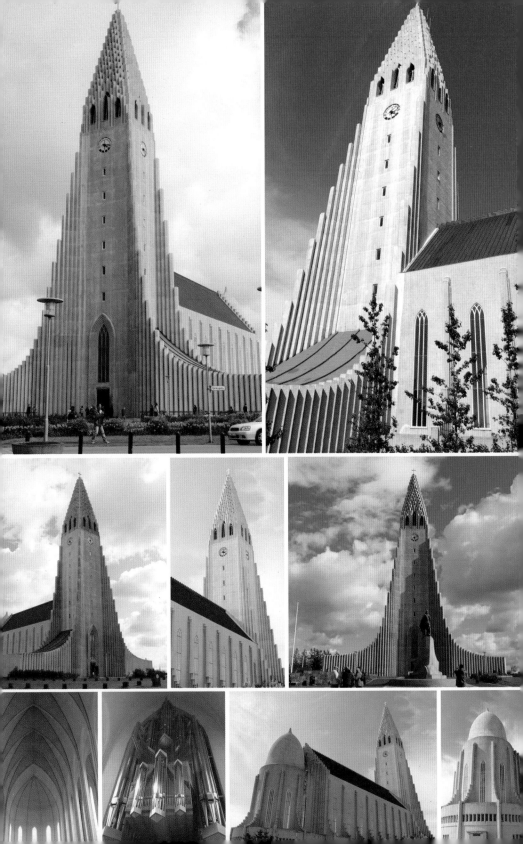

아쿠레이리의 중심부인 하프나스트레티 거리의 오르막에는 현무암질 아쿠레이랴르키르캬가 1940년 건축된 이래로 도시의 상징이 되었다. 내부에는 아이슬란드의 역사부터 예수의 삶까지 스테인드 글라스로 그려져 있다. 바다에 나간 어부들을 보호한다는 아이슬란드, 그린란드, 페로제도의 전통적인 믿음으로 천장에 매달려 있는 선박 모형이 가장 인상적이면서 호기심을 유발한다.

▲예수의 12제자를 스테인글라스에 형상해놓았다

▼아쿠레이랴르키르캬 교회

04

아이슬란드의 대표 폭포

굴포스와 스코가포스

아이슬란드에는 아름다운 폭포가 많다. 폭포 중 가장 잘 알려진 황금 폭포라는 뜻의 굴포스와 남부를 대표하는 폭포인 스코가포스를 만날 수 있다. 골든서클의 마지막은 굴포스를 보게 된다. 여기서 남부로 내려가면 스코가르마을 근처에 스코가포스가 있다. 굴포스나 스코가포스의 맑은 날에는 무지개가 걸린 폭포를 볼 수 있는데 보고 있노라면 꼭 행운이 올 거 같은 느낌이었다. 굴포스는 3단의 계단식 폭포라면 스코가포스는 1단의 직접 폭포라는 차이점이 있다.

흐비타(Hvítá) 강의 32m 높이에서 떨어지는 굴포스는 3단 폭포로 마지막에 땅속으로 떨어지는 것 같은 장면을 보면 높이가 100m는 족히 되어 보인다.

직접 폭포수가 흐르는 장면을 옆에서 볼 수 있는 거리까지 가볼 수 있다. 필히 방수가 되는 등산복을 입는 것이 좋다. 맑은 날 무지개를 만들어내는 물보라가 바람이 불어 머리부터 발끝까지 적실 것이다.

폭포를 보러 가는 입구에는 비석과 설명이 새겨진 명판이 있는데, 꼭 읽고 갈 것을 추천한다. 브라트홀트에서 살았던 농부의 딸 시그리뒤르 토마스도티르(Sigriður Tómasdóttir)를 기리는 비석과 표지판이다. 1920년대, 굴포스의 낙차를 이용한 수력발전소를 건립하기 위해 흐비타 강에 댐을 설치하려는 계획이 나왔다. 시그리뒤르는 수력발전소 건립에 반대하기 위해 레이캬비크까지 걸어가 정부에 항의하고, 만일, 공사에 착수하면 폭포로 투신하겠다고 선언했다. 민심은 수력발전소를 반대

▲시그리뒤르 토마스도티르

하는 방향으로 흘러갔고, 정부는 굴포스를 사들여, 1975년 국가기념물로 지정하였다. 지금의 아름다운 굴포스는 아이슬란드인들이 직접 지킨 폭포라 더 아름답다.

스코가포스는 1번도로를 따라 남부 해안을 가다 보면 처음으로 만나게 되는 아름다운 관광지이다. 스코가포스 입구에서 폭포를 밑에서 내려다보려면 10분 정도 이동해야 한다. 굴포스와 스코가포스는 방수가 되는 등산복을 입고 가야 한다. 굴포스는 바람 때문에, 스코가포스는 밑에서 떨어지는 폭포수를 봐야 하기 때문에 방수가 필수적이다. 데티포스와 고다포스는 폭포수가 오지 않아서 방수되는 등산복이 꼭 필요하지는 않다. 최대한 폭포에 근접하면 스코가포스 폭포를 자세히 감상할 수 있다. 폭포수의 양이 얼마나 많은지는 스코가포스에 다가가면서 느낄 수 있다.

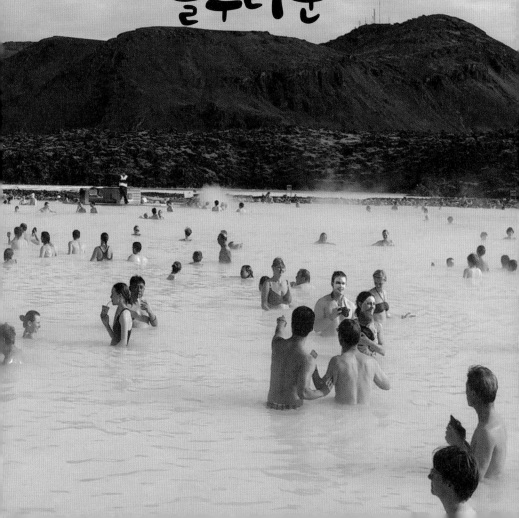

05

아이슬란드에서 꼭 가봐야 할 온천

미바튼 네이처 바스와
블루라군

블루라군(Blue Lagoon)은 세계인의 버킷 리스트 여행지 Top 10에 올라갈 정도로 누구나 알고 있지만 미바튼 네이처 바스는 아는 사람이 많지 않다. 아이슬란드에서 가장 큰 도시인 레이캬비크와 아쿠레이리 근교에 있는 블루라군과 미바튼 네이처 바스는 꼭 가봐야 할 온천으로, 다녀오면 피로가 풀려 힘든 여행에 도움을 준다.

둘 다 자연적인 노천온천으로 우열을 가리기 힘들다. 블루라군은 외국인들의 관광지로 개발하기 위해 근방의 스바르트생기(Svartcengi) 지열발전소에서 표면 2km아래까지 섭씨 240도의 물을 끌어올린 후 식힌다. 미바튼 네이처 바스의 물은 바로 밑의 현지 지열원에서 약 38~40℃로 식혀 온천을 즐기도록 되어 있다.

블루라군이 규모가 2배 이상 더 크고 관광객들이 자주 이용하지만, 미바튼 네이처 바스는 거의 현지인들이 이용하고 메인 풀장 외에 두 개의 증기식 사우나와 열탕이 있다.

▲휴식을 취하는 휴게실도 있다

미바튼 네이처 바스(매일 6~8월 9am~자정, 9~5월 정
오~10pm)는 황량하고 주황빛과 갈색빛이 뒤섞인 모래
평원 뱌르나르플라그(Bjarnarflag) 지역에 있다. 블루라
군이 북부 지방에 하나 더 있다고 생각하기도 하지만
노천 지열로 이용객 수가 훨씬 적어서, 방해받지 않고
조용히 온천을 즐길 수 있다. 덕분에 몸의 힐링뿐만 아
니라 드넓게 펼쳐진 평원을 보며 마음도 힐링이 된다.
몸이 늘어지면서 피로가 풀려 마음이 '뻥' 뚫리는 느낌
도 든다.

06

겨울과 여름의

빙하 트레킹과
얼음동굴

얼음동굴 투어는 10월 말~3월 초까지 겨울에 진행한다. 아이슬란드를 겨울에 방문하는 관광객들은 얼음동굴을 지나가고 오로라를 보고 싶어 한다. 기온이 본격적으로 올라가는 4월에는 얼음동굴 붕괴의 우려가 있어 투어가 불가능하다. 여름에는 가이드가 동반하여 빙하 투어를 한다. 빙하를 직접 걸어보면서 빙하 체험을 하는 것이다. 여름이나 겨울까지 봄과 가을을 제외하고 남부 지방의 스카프타펠 국립공원에서 진행한다. 대부분은 레이캬비크에서 투어 회사를 통해 예약을 하고 투어에 참가한다.

Icelandic Mountain Guides
▶Tel_ 587-9999 ▶홈페이지_ www.mountainguide.is;
the Glacier Guides
▶Tel_ 659-7000 ▶홈페이지_ www.glacierguides.is;

겨울 얼음동굴 투어는 가을에 여행할 수 있는 얼음동굴 몇 곳을 확인하고 겨울에 투어를 진행한다. 왜냐하면 날씨와 지형의 특성에 따라 투어를 하다 보니 얼음동굴을 매번 같은 곳에서 진행할 수 없기 때문이다. 겨울에는 금방 어두워지는 특성상 이색적인 사진이 나온다.
여름의 투어는 가이드와 함께 빙하를 직접 트레킹하는 것인데 크레바스 같은 빙하 틈이 있어 반드시 가이드 동행으로만 할 수 있다.

바트나요쿨
만년설

요쿨살론 빙하

07

서부 피오르드와
동부 피오르드

서부 피오르드

서부 피오르드 지역은 아이슬란드 사람들도 거의 가지 않는 지역이었다. 그래서 마법과 주술로 접근하기 힘든 지역으로 악명 높았지만 지금은 버려진 마을을 관광 상품으로 개발하여 퍼핀과 바다새, 북극여우를 볼 수 있게 하였다. 피오르드를 경험하려면 접근하기 힘든 서부 피오르드보다는 아름다운 피오르드와 예쁜 마을이 모여 아기자기하고 깜찍한 전경을 보여주는 동부로 여행하는 경우가 대부분이다. 아이슬란드 경제로 보면 동부가 아이슬란드 알루미늄 산업의 중심지로 유명하다.

스나이펠스네스 반도는 서부 지방이라고 부르고 웨스트피오르드는 아이슬란드 위쪽의 피오르드를 일컫는 말이다.

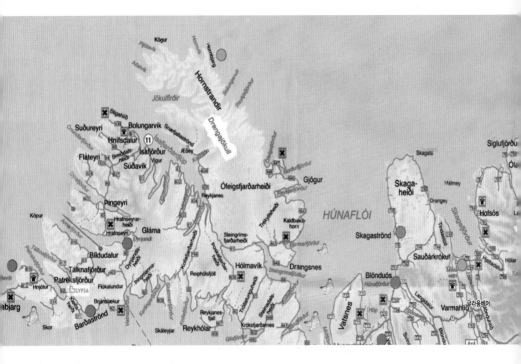

서부 피오르드 지역은 구불구불한 비포장도로가 있어 4륜구동을 타고 이동해야 한다. 반도의 가장자리를 따라 야생 조류의 서식지로 유명한 라우트라비아르그로 이어진다.

버스 회사 스툐르누빌라르(Stjornubilar)
▶Tel_ 456-5518 ▶홈페이지_ www.stjornubilar.is;

서부 피오르드로 가는 버스는 별로 없고 여름 성수기에만 운행한다.

이사피오르드(isafjordur)

이사피오르드는 인구 2,600명 정도의 웨스트피오르드에서 가장 큰 도시이다. 이사피오르드에 도착하면 이 세상 끝에 온 듯한 느낌이 든다. 날카로운 산과 깊이 패어 있는 피오르드가 마을을 둘러싸고 있다.

동부 피오르드

호픈을 지나 듀피보구어에 도착하면서 피오르드 지형이 시작된다. 아이슬란드 동부는 높은 산이 남부와 분리되는데, 덴마크나 페로제도에서 배를 타고 아이슬란드에 도착한다면 동부의 세이디스피오르에 내리게 된다. 영화 〈월터의 상상은 현실이 된다〉가 동부 지방에서 촬영하여 더욱 많은 관광객이 찾고 있다.

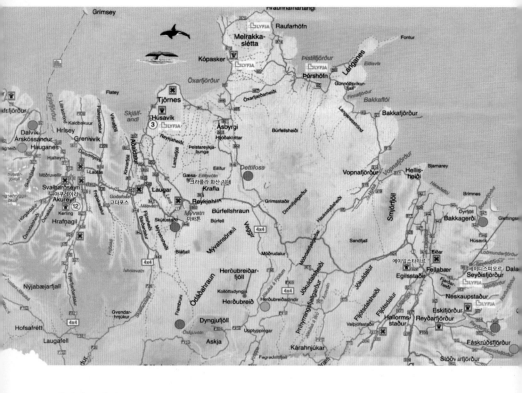

에이일스타디르(Egilsstaðir)

에이일스타디르는 인구 2,000명 정도의 동부 지방에서 가장 크고 교통 중심지인 도시이다. 중세(사가 시대)부터 호수 깊은 곳에 사는 괴물 라가르플리오트쇠르뮈린 (Lagarfljotsormurinn)에 관한 이야기가 지금도 전해져 내려오는 아이슬란드에서 세번째로 큰 라가르플리오트(Lagarfljot) 호수는 에이일스타디르의 핵심 관광지이다. 안으로 들어간 피오르드 지형 정면은 가깝지만 차로도 1시간 정도 소요된다.

아이슬란드 북부의 대표 폭포

데티포스와 고다포스

▲ 데티포스

아이슬란드 북부 지방에는 데티포스(Dettifoss)와 고다포스(Godafoss)가 있다. 두 폭포는
다 멋진 장관이지만 데티포스는 남성적인 매력이, 고다포스는 여성적인 매력이 있다.
동부 피오르드에서 북부 지방으로 이동하다가 1번 링로드에서 떨어진 비포장도로를 약
1시간 30분 정도 가면 데티포스가 나온다. 비포장도로라서 꼭 봐야 하는지 의문도 생
기겠지만 데티포스의 떨어지는 폭포의 유량에 압도당할 것이다. 고다포스는 아쿠레
이리에서 동쪽으로약 50km떨어진 곳에 있으며, '신들의 폭포'라 불린다. 폭포가 높이
는 낮지만 옆으로 넓게 펼쳐져 안정적인 느낌이 든다.
데티포스는 높이가 44m로 유럽에서 가장 큰 폭포이다. 리들리 스콧 감독의 영화 〈프로
메테우스〉가 데티포스에서 촬영되어 더 유명세를 타면서 관광객이 반드시 들르는 관광

지가 되었다. 아이슬란드 폭포들의 특징은 인공적인 것이 거의 없으며, 자연 상태에서 폭포를 감상할 수 있고, 입장료가 없어 누구나 자유롭게 폭포를 감상할 수 있다는 것이다. 데티포스는 한 발 더 나아가 인공적인 나무 판자길이나 전망대 같은 것들이 전혀 설치되어 있지 않다. 즉, 자연을 훼손시키지 않아서 좋다. 아주 멀리 떨어진 곳에서도 구름 같은 물보라가 보인다. 약 500톤의 물이 매 초마다 바위 위로 쏟아져 내리는데, 엄청난 폭포 유량은 아이슬란드에서 가장 압도적인 폭포임을 느끼게 한다. 인위적인 펜스도 없어 자연 그대로 폭포를 감상할 수 있지만 오히려 안전에 주의해야 한다.

고다포스는 '신들의 폭포'라고 불린다. 11세기에 국교를 기독교로 바꾸면서 이전에

자신들이 믿던 신들의 조각상들을 기독교를 믿겠다는 표시로 고다포스에 던져
고다(Goda)라는 이름이 붙여졌다.
아이슬란드의 다른 폭포들에 비하면 약간 작지만, 물보라가 별로 없고 동그랗게
폭포를 둘러보면서 계속 감상하기에 좋은 아름다운 폭포이다.

▲고다포스

고다포스 트레킹 코스

09

한여름의 **백야와**
한겨울의 **오로라**

우리나라 관광객 대부분은 아이슬란드 여행을 여름에 다녀온다. 하지만 오로라를 보러가는 겨울 여행도 꽤 증가하고있다.

아이슬란드 여름 여행의 장점은 누가 뭐라 해도 해가 지지않는 백야이다. 해가 지지 않으니 여행할 시간이 늘어나고 조금 더 여유롭게 관광지로, 숙소로 이동이 가능하다. 아이슬란드 사람들은 백야 때문에 잠을자기 힘들어 금요일 저녁부터월요일 새벽까지 펍(Pub)을 돌아다니며 술을 마시는 뤼튀르로 여름을 보낸다.

해가 지지 않는 것은 무엇일까? 우리나라에서 해가 지기 바로전의 해질녘까지만 존재하고다시 날이 밝아온다. 그래서 잠에서 깨면 좀처럼 잠을 자기 힘들 수 있다. 보통 새벽 1~2시정도가 되면 해질 때의 빨간 기운이 오다가 다시 밝아진다.

4시만 돼도 꽤나 밝다. 너무 밝기만 하므로 흐린 날은 구름 때문에 밤이 오면 오히려 잠자기좋아져서 흐린 날이 더 좋을 때가 있다.

레이캬비크와 아쿠레이리 같은 대도시에서는 새벽에 관광객들이나 시민들이 돌아다니면서 이야기를 나누는 장면을쉽게 볼 수 있다. 하루는 레이

캬비크에서 새벽 2시 30분에 잠이 안 와 로우가베이걸 거리에 나갔더니 한 어린 학생이 아직 힘이 많다며 팔굽혀펴기를 보여주기도 했다.

팔굽혀펴기를 보여주는 어린 학생 ▶

▲2시 30분의 로우가베이걸 거리 모습

백야

위도가 높은 지역에서 여름에 밤이 지지 않는 현상을 말한다. '하얀 밤'이라는 표현은 러시아에서 쓰는 말로 우리는 주로 백야라고 부른다. 지구의 자전축이 23.44도 기울어져 있어 위도가 남·북위 66.56도 이상인 지역에서 여름에 햇빛이 비치는 곳과 그곳의 표준시가 일치하지 않아서 생기는 현상이다.

레이캬비크의
새벽 2시 30분
백야

아쿠레이리의
밤 12시
백야

오로라

지구 밖에서 들어온 전자가 지구 대기의 공기 분자와 충돌하면서 빛을 내는 현상이 오로라이다. 이 전자들은 대부분 태양에서 방출된 대전 입자로, 태양풍을 따라 지구 근처에 왔다가 지구 자기장에 이끌려 대기로 진입하게 된 것이다. 지구 자극에 가까운 북반구와 남반구의 고위도 지방에서 주로 볼 수 있는데 위도가 높은 아이슬란드에서는 겨울에 볼 수 있다.

아이슬란드에서 보통 11월부터 3월까지 오로라를 관측할 수 있다. 오로라지수가 높으면 투어 회사들은 오로라 투어를 진행하는데 보통 밤 9시 정도에 출발하여 새벽 1~2시 정도에 돌아온다. 수도인 레이캬비크부터 남부 지방인 요쿨살론까지 투어가 진행된다. 오로라를 직접 보면서 느끼는 울림은 반드시 경험해봐야 알 수 있다.

오로라 사진을 찍기 위해서는 카메라 초점 거리는 무한대로 고정시키고 ISO는 최대로 높여서 고정시킨다. 조리개도 최대한 개방하여 준비해둔다. 셔터 스피드는 고정시킨 조리개의 값과 상황에 따라 조정하면서 하면 된다. 반드시 고정시키고 오랜 시간을 있어야 하기 때문에 삼각대는 필수이다. 물론 없다면 땅바닥에 누워서 손으로 고정시키고 찍을 수도 있지만 미리미리 준비하여 제대로 오로라 사진을 찍기 바란다.

10

대표적인 분화구

비티와 그라브록

아이슬란드에는 빈번한 화산 활동으로 분화구가 많다. 화산 활동으로 지구 내부의 마그마가 용암이나 화산 가스로 분출되어 만들어진다. 분화구는 원뿔 모양으로 움푹 들어가 가파른 경사를 보이는 화산의 꼭대기 부분을 말한다. 분화구는 지구 내부의 마그마 양에 따라 크기가 다르다.

북부 지방에 있는 지옥이라는 뜻의 비티(Víti)는 검은 갈색빛의 분화구이다. 이제는 더 이상 활동하지 않지만 지름 320m의 분화구는 차가운 녹청색 물을 머금고 있다. 크라플라 산에 위치한 비티는 화산 모양의 원뿔과는 다르다. 비티는 1724년 화산 폭발이 시작되어 지금은 분화구의 형태만 남아 있지만 워낙에 크게 폭발한 분화구라 지금 봐도 분화구인지 알 수 있다.

그라브록(Grab Rock)은 화산이 폭발한 분화구에 다시 작은 폭발로 생긴 2중 분화구이
다. 분화구에는 하얗게 이끼 식물이 나 있고 나무로 계단이 만들어져 있지만 중간중간에
부서진 곳도 듬성듬성 나타난다.

더 알아보아요

01

레이캬비크

여행자들은 주로 수도인 레이캬비크(Reykjavík)에서 가장 먼저 아이슬란드 여행을 시작한다. 인구가 32만 명이라는 정도의 정보는 알고 오기 때문에 다들 레이캬비크의 도시 규모가 작다고 생각한다. 아이슬란드 전체 인구의 60%가 살고 있는 이 도시는 아이슬란드의 정치, 기업, 문화, 지식의 중심이다.

세계적 수준의 콘서트홀 하르파(Harpa)부터 레이캬비크를 상징하는 할그림스키르캬 교회와 작지만 알찬 박물관도 많다. 레이캬비크의 가장 번화한 장소는 쇼핑 1번지 로우가베이걸(Laugavegur) 거리로, 여행자들이 노천카페에서 이야기를 나누고 거리 좌우로 늘어선 아기자기한 가게들이 여행자들을 기다리고 있다. 여름이 되면 금요일 저녁부터 월요일 새벽까지 펍들을 돌아다니며 해가 지지 않는 백야를 즐기는 현지인과 여행자들이 아이슬란드를 채운다. 5월부터 시민들은 의회 근처로 피크닉을 나오고, 아이들은 밤까지 길거리에서 뛰어다닌다. 차들은 도로에서 아주 천천히 운행하여 교통사고는 거의 일어나지 않는다.

고도가 더 높은 할그림스키르캬 교회의 전망대로 올라가면, 올드하버부터 바다 저편, 평평한 정상이 눈으로 뒤덮인 에스야(Esja) 산까지 한눈에 보인다. 여름에도 눈 덮인 산을 보면 이곳이 북극권의 도시라는 것을 다시 한 번 깨닫게 된다.

레이캬비크는 9세기 후반, 레이캬비크 최초 정착민인 잉골푸르 아르나르손(Ingólfur Arnarson)이 신의 결정에 따라 구시가지 중심에 집을 지으면서 여러 번의 정착 시도를 거친 끝에 공식적인 정착이 시작되어 지금에 이르렀다. 잉골푸르 아르나르손은 뢰이가르달루르(Laugardalur) 지역에서 수증기 덩이가 피어오르는 것을 보고, 연기나는 항만이라는 뜻의 레이캬비크라고 이름 지었다. 아르나르홀 언덕(Arnarhóll hill) 꼭대기에 잉골푸르 동상이 위치해 있는데, 그의 등은 컬처하우스를 향해 있다.

레이캬비크에서 정착을 시작했지만 수세기 동안, 레이캬비크는 농장 외엔 존재하지 않는 작은 도시였다. 1801년의 인구 조사에 인구가 301명으로 기록될 정도이니 정말 작은 도시였음을 알 수 있다. 대부분은 올드하버와 티외르닌 호수 근처에 흩어져 살고 있었다. 레이캬비크는 공식적인 무역 거점으로 인정되면서 1901년도에는 인구가 5,000명 수준으로 늘어났다. 인구가 급격히 늘어난 시기는 제2차 세계대전 이후로, 많은 지방 거주자가 일자리를 찾아 신도시인 레이캬비크로 이동했기 때문인데, 그 결과 도시의 인프라는 한동안 고통받았다.

1970년대부터 알루미늄 산업과 어업이 성장하면서 아이슬란드는 살기 좋은 나라로 성장하였다. 도시가 정비되고 자연을 체험하는 여행이 인기를 끌면서 레이캬비크는 아이슬란드를 대표하는 도시가 되었다.

2000년대 초에는 여행자들이 아이슬란드 여행을 시작하기 전에 레이캬비크를 단순히 경유하여 지나가는 도시로 생각했었다. 하지만 이제는 레이캬비크가 오랜 시간 머무는 여행지가 되었다. 독특한 도시 환경은 여행자들이 레이캬비크를 꾸준히 찾아오게 만드는 매력 요소가 되었다.

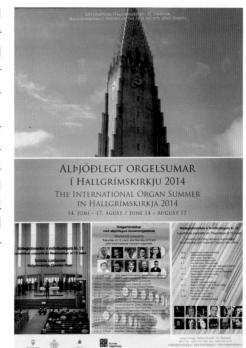

레이캬비크는 국제적으로 칭송받는 심포니 오케스트라와 두 개의 전문 극장 회사와 수많은 오페라 회사, 국립발레단, 국립미술관, 시립미술관까지 보유한 국제적인 도시로 발돋움하고 있다. 작은 규모의 갤러리와 소규모 전시장 들이 1년 내내 끊임없이 전시와 공연을 하는데, 해마다 여름에 열리는 예술 축제는 유명한 예술가들을 끌어모으고 있다. 여행자들이 가장 쉽게 볼 수 있는 공연은 7~8월 말까지 할그림스키르캬 교회에서 열리는 파이프오르간 연주 공연으로, 유명한 연주자들의 공연을 저렴한 가격으로 볼 기회이다.

레이캬비크는 여행자들에게 매력적인 쇼핑 장소로 점점 알려지고 있다. 아이슬란드 디자인은 현대 북유럽 제품의 특성인 단조로운 선과 훌륭한 기능이 조화를 이루며 지역에서 생산된 재료를 사용하여 좀 더 색다른 매력을 발산한다. 인기를 끌고 있는 아이슬란드 디자인은 레이캬비크의 가정용품, 옷, 보석 등을 로우가베이걸 거리에서 모두 제공하고 있다.

하르파

올드하버

로우가베이걸 거리

아이슬란드
대학교

티외르닌 호수

◀할그림스키르캬 교회 전망대에서 바라본 레이캬비크 시내 전경

HALLGRÍMSKIRKJA

Aðgöngumiði að turni
Admission to tower
Fullorðinn/adult 700 kr

Nr. 46974

▲전망대 티켓

LISTVINAFÉLAG HALLGRÍMSKIRKJU 31. STARFSÁR
ALLGRÍMSKIRKJA FRIENDS OF THE ARTS SOCIETY 31ST SEASON

ALÞJÓÐLEGT ORGELSUMAR
í HALLGRÍMSKIRKJU 2014
HE INTERNATIONAL ORGAN SUMMER
IN HALLGRÍMSKIRKJA 2014

14. JÚNÍ – 17. ÁGÚST / JUNE 14 – AUGUST 17

◀ 7~8월 말에 열리는
파이프오르간 공연 팸플릿

The renovation of the 72 stop Klaisorgan

The big organ in Hallgrímskirkja, built in "Johannes" Klais world renowned Orgelbau in Bonn in Germany is the largest musical instrument in Iceland. It was inaugurated on December 13th 1992 and celebrated its twentieth anniversary 2012. Its size, elegant design and sound coupled with the acoustics and splendid interior of Hallgrímskirkja have made this grand organ a much sought after instrument all over the world.

The Hallgrímskirkja Friends of the Arts Society has from the organs inauguration organized an ever increasing number of organ concerts, especially during the summer when thousands of tourists attend the International Organ Summer, an annual festival held June until August.

Each year, around 40 organ concerts are given in Hallgrímskirkja and advanced students at the Music Academy of Iceland frequently receive lessons at the excellent instrument. Nearly a day goes by without Hallgrímskirkja's Klais-organ being played.

At the beginning of 2013 representatives from the Klais Orgelbau in Bonn arrived in Iceland to clean the organ and renew various pieces of hardware. During this process all 5,275 organ pipes had to be removed. This presented an excellent opportunity for modifications on the organ's computer equipment, called for by new technology and increased demands. At the completion of this extensive project it can be said that the Klaisorgan in Hallgrímskirkja is as new, every pipe has been polished and returned and the organs electronic operating system has been updated to the year 2013, with many facilities and a collection-piece may be found in the church entrance, where friends of the organ and the music can support us in this expensive project.

The Hallgrímskirkja Friends of the Arts Society expresses its heartfelt gratitude to all supporters.

Happy International Organ Summer 2014!
Hörður Áskelsson, Music Director of Hallgrímskirkja

New CD with Hörður Áskelsson

Hörður Áskelsson has been organist of Hallgrímskirkja since 1982, when he returned to Iceland from his studies in Düsseldorf, Germany. He has played a key role in building up the church's artistic activities, founding the Hallgrímskirkja Friends of the Arts Society, the Hallgrímskirkja Motet Choir and the Schola cantorum chamber choir.

Two acclaimed events on the Icelandic music calendar, the biennial Festival of Sacred Arts and the International Organ Summer concert series, were created by Áskelsson, who is their artistic director. Many competitions form distinction that work let Áskelsson, who has performed at important festivals and cathedrals in Europe such as Notre-Dame in Paris, St. Gudrua and Cologne Cathedral.

His new CD was recorded at the beginning of the year 2014, and is to celebrate the renovation of the Klais organ.

Hádegistónleikar á fimmtudögum kl. 12
Lunchtime concerts on Thursdays at 12 noon

Í samvinnu við Félag íslenskra organleikara
In cooperation with Icelandic Organist Association

19. júní/June 19	Helga Þórdís Guðmundsdóttir, Viðistaðakirkja/Iceland
26. júní/June 19	Guðmundur Sigurðsson, Hafnarfjarðarkirkja/Iceland
3. júlí/July 3	Kári Allansson, Hateigskirkja & Anna Jónsdóttir soprano, Reykjavík
10. júlí/July 10	Steingrímur Þórhallsson, Neskirkja & Hallveig Rúnarsdóttir, soprano, Reykjavík
17. júlí/July 17	Sigrún Magna Þorsteinsdóttir, Akureyrarkirkja/Iceland
24. júlí/July 24	Jón Bjarnason, Skálholt Cathedral/Iceland
31. júlí/July 31	Stéphane Rigat, orgel & Olivier Gillet trumpet, Marseille/France
7. ágúst/August 7	Eyþór Ingi Jónsson, Akureyrarkirkja/Iceland
14. ágúst/August 17	Gunnar Gunnarsson, Fríkirkjan í Reykjavík/Iceland

Schola cantorum
Hádegistónleikar á miðvikudögum kl. 12
Lunchtime concerts on Wednesdays at 12 noon

Eins og fyrri sumur stendur kammerkórinn Schola cantorum fyrir hádegistónleikum í sumar í Hallgrímskirkju. Fluttar verða tónperlur eftir íslensk tónskáld sem íslenskir kórar syngja gjarnan. Tónleikarnir hafa getnan hljóð um áheyrendur en með þeim gefst gestum tækifæri til að upplifa hinn mikla hljómburð kirkjuskipsins.

Tónleikarnir hefjast kl. 12:00 og standa í u.þ.b. hálftíma.
Aðgangseyrir: 2.000 kr.
Miðasala við innganginn.

Schola cantorum chamber choir of Hallgrímskirkja presents an excellent opportunity to experience the great acoustics of Hallgrímskirkja. The repertoire consists of favourite contemporary music for a cappella choir as well as Icelandic folk songs.

The concert starts at 12 noon and lasts around 30 min.
Admission: 2.000 ISK
Tickets by the entrance.

Ágætu tónleikagestir

Ég býð ykkur velkomin á Alþjóðlegt Orgelsumar 2014 í Hallgrímskirkju. Tónleikaröðin er haldin undir merkjum Listvinafélags Hallgrímskirkju og er þetta 22. sumarið sem orgelhátíð er haldin yfir sumartímann, eða allt frá því að Klais-orgel kirkjunnar var vígt 1992.

Alþjóðlegt Orgelsumar í Hallgrímskirkju hefur ætíð laðað að sér alþjóðlegar orgelstjörnur og aðr. Í ár engin undantekning eins og sjá má af orgelstjörnur og aðr. Í ár aðrega arsegukragt við orgelleikana í ár að tveir ungir íslenskir organistar sem hafa nýlega lokið mastersprófi við tónlistarháskóla erlendis eru meðal flytjenda.

A hverjum degi fyllist Hallgrímskirkja af ferðafólki og það er okkur mikil ánægja að geta boðið upp á vandaða tónleika yfir hásumarið.

Í sumar, frá 14. júní til 17. ágúst verða fernir tónleikar á viku. Kammerkórinn Schola cantorum heldur hádegistónleika á miðvikudögum kl. 12. Íslenskir organistar eru í forsvari á hádegistónleikunum á fimmtudögum kl. 12. Orgeltónleikar með alþjóðlegum békstum organistum verða á laugardögum kl. 12 og á sunnudögum kl. 17.

Ég vil líka benda á að organistar Alþjóða orgelsumarsins taka þátt í helgihaldinu í Hallgrímskirkju með því að leika eftirspil í messu sunnudagsins.

Kæru tónleikagestir, ég vona að þið njótið tónleikanna hér í Hallgrímskirkju.
Björn Steinar Sólbergsson,
organisti Hallgrímskirkju

Dear guests

Welcome to The International Organ Summer in Hallgrímskirkja 2014, a series of concerts hosted by the Hallgrímskirkja Friends of the Arts Society. Summer organ festivals have been held here since the church's Klais organ was inaugurated in 1992, making this the 22nd festival. The International Organ Summer holds an important position in Reykjavik's cultural environment and enriches the experience of tourists during the summer.

Once again Iceland is expecting a large number of visitors this summer and the Hallgrímskirkja Friends of the Arts Society wants to enrich their visit with numerous concerts from June 14th – August 17th. Lunchtime concerts, performed by Hallgrímskirkja's chamber choir Schola cantorum, will be given on Wednesdays at 12 noon. The Society of Icelandic Organists in collaboration with the IOS, hosting concerts at 12 noon on Thursdays. There will be organ concerts every Saturday at 12 noon and every Sunday at 5pm. The organists of the IOS will also be playing the postludium in the Sunday services at 11am.

Dear guests, I hope you will enjoy your visit to Hallgrímskirkja.
Björn Steinar Sólbergsson, organist of Hallgrímskirkja

ADGANGSEYRIR / ADMISSION

Hádegistónleikar / Lunchtime concerts: 1.700 ISK
Schola cantorum / Sunday concerts: 2.000 ISK
Sunnudagstónleikar / Sunday concerts: 2.500 ISK
Listvinir fá frítt inn á orgeltónleika sumarsins

Eiríksgata

한여름의 환상적인 오르간 연주에 빠져보자!

레이캬비크에서는 흔하게 연주를 들을 수 없는 오르간 콘서트가 매년 여름에 열린다. 15m 높이에 5,273개의 오르간을 통해 나오는 웅장한 파이프오르간 연주를 체험해볼 기회가 여름 주말 할그림스키르캬 교회에서 있다.

공연 시작 30분 전에 공연티켓을
구입하여 입장한다. 앉고 싶은 좌
석에 앉아 기다리면 된다. 공연티
켓 및 팸플릿에 해당 날짜의 공연
연주자와 연주곡이 적혀 있다. 대
부분 세계적인 연주자들로 구성되
어 있어 누구를 선택해도 실망하지

않는다. 사진 속 연주자는 프랑스의 마우리스 클레르(Maurice Clerc)다.

연주자가 입장하고 인사한 후에 연주가 시작된다. 약 1시
간 40분간 6곡 정도를 연주한다. 중간에 한 번 연주자가 가
운데로 나와 인사를 한다. 많은 박수갈채를 받으면서 다음
연주를 시작한다.

공연이 다 끝나면 꽃다발을 받고 연주자와 관객이 이야기
를 나누고 사진도 찍는 시간을 갖는다.

로우가베이걸 거리

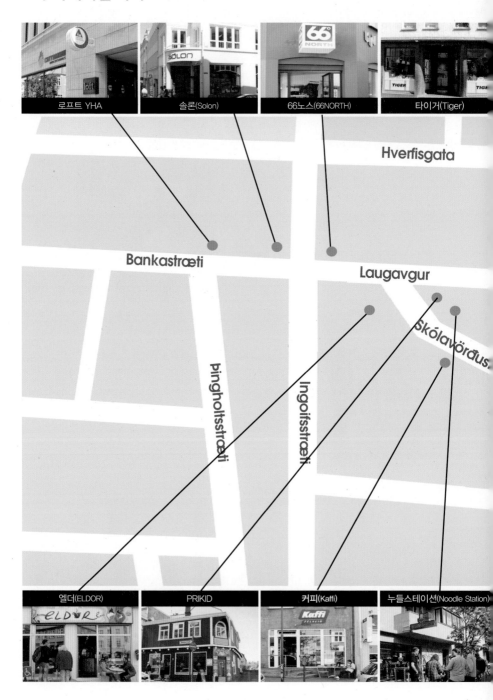

로프트 YHA

솔론(Solon)

66노스(66NORTH)

타이거(Tiger)

Hverfisgata

Bankastræti

Laugavgur

Skólavörðus.

Þingholtsstræti

Ingolfsstræti

엘더(ELDOR)

PRIKID

커피(Kaffi)

누들스테이션(Noodle Station)

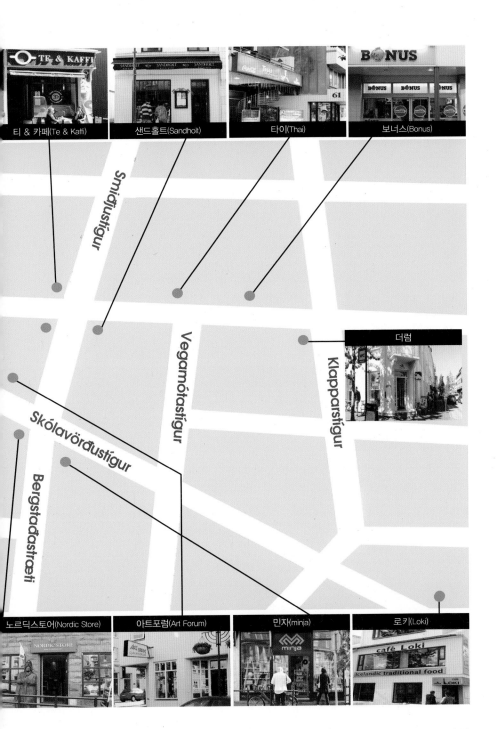

티 & 카페(Te & Kaffi)
샌드홀트(Sandholt)
타이(Thai)
보너스(Bonus)

Smiðjustígur

Vegamótastígur

Klapparstígur

더럼

Skólavörðustígur

Bergstaðastræti

노르딕스토어(Nordic Store)
아트포럼(Art Forum)
민쟈(minja)
로키(Loki)

02

골든서클

싱벨리어 국립공원, 게이시르, 굴포스는 아이슬란드를 상징하는 관광지로, 골든서클(Golden Circle)이라고 부른다.

① 싱벨리어 국립공원

아이슬란드 역사의 심장부이기도 한 싱벨리어(Þingvellir) 국립공원은 유네스코 세계유산

으로 등재되어 있으며, 자연과 중세 북유럽 문화를 동시에 느낄 수 있다. 아이슬란드 초기 정착민들이 930년, 공화주의를 결의하고 새로운 알싱기(국회)의 설립처로 선택한 곳이 바로 싱벨리어의 원형 무대였다. 당시, 나머지 유럽 국가들이 왕조 국가로 있던 때였다는 사실을 생각하면 공화국이라는 큰 모험을 택한 것이었다. 세계 최초의 국회로 오늘날에도 싱벨리어는 여전히 아이슬란드인들의 자부심으로 남아 있다. 1928년 국립공원으로 공표된 호수 싱그바들라바튼(Þingvallavatn)의 북쪽으로 아이슬란드 국기가 계양되어 펼쳐져 있다.

아이슬란드 역사의 중요한 사건들은 싱벨리어에서 일어났다. 알싱기가 처음으로 시작되었고, AD 1000년의 기독교 개종도 싱벨리어에서 결정되었다. 알싱기는 법적인 협의와 투표를 진행하면서 동시에 법 집행을 시행하였다.

▲싱그바들라바튼에 있는 싱벨리어 국립공원은 세계 최초의 의회인 알싱기가 설립된 곳으로 아이슬란드인 들에게 매우 뜻깊은 장소이다.

당시 아이슬란드에서는 포대에 죄수들을 넣고 물에 넣어 수장하고, 죄수들을 처단하면서 피에 물들기도 했다. 알싱기는 1760년대까지 의회로서 계속 역할을 수행하였다. 아이슬란드인의 알싱기에 대한 자부심은 특별한데, 그만큼 알싱기는 국가의 중대사를 결정하는 중요한 장소였다. 아이슬란드가 1944년 마침내 주권을 선포했을 때 싱벨리어에서 독립을 선언하였다.

▼매년 대서양 중앙해령이 2cm씩 벌어진다고 한다.

▲싱벨리어 농장은 소유주의 별장으로 지어졌지만 현재는 대통령의 휴가 숙소로 사용되고 있다.

② 게이시르

1294년부터 분출을 시작해 최대 60m 까지 솟아올랐던 그레이트 게이시르 (The Great Geysir). 게이시르라는 명칭이 전 세계의 모든 간헐천(geyser)이 라는 이름의 시초가 되었다. 안타깝게 도 20세기 초부터 분출하지 않고 있다. 20세기 초에는 몰지각한 관광객들이 자갈이나 쓰레기를 분출구로 던져 폭 발하기도 하고, 독립기념일 등 특별한 날에는 폭발을 유도하기 위해 인위적 인 방법을 사용했는데, 그레이트 게이 시르는 휴면기에 들어섰다. 그러다가 2000년 6월 게이시르가 갑자기 솟구쳐 올라 많은 사람이 어리둥절해하기도 했다.

다행히 그레이트 게이시르의 근처 스트로쿠르 (Strokkur)에서 매 5분 정도마다 약 30~40m 높이로 간헐천이 솟아오르고 있다. 전체 게이 시르 지역은 지열 활동 중이며, 잘못된 위치에 서 구경을 하고 있다 보면 바람 탓에 홀딱 젖 기 십상이다. 간헐천이 솟아오르면 촬영 성공 의 환호와 촬영 실패의 아쉬움이 동시에 터져 나온다.

③ 굴포스

게이시르에서 나와 35번도로를 따라 9km 정도를 가면 아이슬란드에서 가장 잘 알려진 황금폭포라는 뜻의 굴포스(Gullfoss)를 만날 수 있다. 맑은 날, 주차장에 주차를 하고 무지개가 보이는 길을 따라 걸으면, 굉음을 내는 두 개의 폭포로 인도된다. 32m 높이의 흐비타 강이 3단으로 흘러내리면서 2.5km 깊이의 협곡으로 떨어지는 것을 볼 수 있는데 마치 땅속으로 떨어지는 것처럼 보인다.

자연스러운 폭포를 바로 옆에서 볼 수 있기에 방수 외투가 필수다. 폭포로 점점 다가갈수록 맑은 날, 무지개를 만들어내는 물보라가 여행자들의 몸을 머리부터 발끝까지 적셔준다.

03
블루라군

세계인의 버킷 리스트 여행지 베스트 10에 이름을 올리고 있고, 아이슬란드에서 가장 인기 있는 여행지는 그린다비크 공항에서 15km 떨어진 지점의 블루라군(Blue Lagoon, www. bluelagoon.com)이다. 아이슬란드에서 가장 먼저 들르는 여행지로도 유명한 블루라군은 노천 온천이자 스파(Spa) 단지로, 아이슬란드를 상징적으로 잘 보여주는 장소이다.

블루라군은 아이슬란드의 지열에너지 생산지로, 우연히 발견하여 관광 상품으로 개발한 것이다. 근방의 스바르트생기 지열발전소에서 표면 2km 아래까지 섭씨 240도의 물을 끌어올린다. 이 뜨거워진 물이 이중공정을 거치면서 전기를 생산하고 남은 물로 다시 근처의 물을 데운다. 이 물은 인체의 온도와 비슷한 38도를 유지하며, 실리카, 소금, 기타 광물을 풍부하게 지닌 채로 현재 블루라군이 있는 근처까지 흘러들었다. 이 물을 온천으로 개발, 세계인의 버킷 리스트 여행지가 되어 전 세계 관광객을 끌어들이고 있다.

▲스바르트생기 지열발전소

블루라군을 들어서면 왼쪽에는 작은 나무다리가 연속으로 이어져 있는데, 좌측으로 에메랄드빛 온천수가 흐르고, 동굴 모양의 사우나가 용암석 안으로 들어가 있다. 그 옆에는 큰 소리를 내며 떨어지는 폭포 밑에 사람들이 물마사지를 받고 있다. 단지 내에는 치료용 스파, 라바 레스토랑, 스낵바, 호텔이 자리하고 있다. 미네랄이 풍부한 온천수는 머리카락에 악영향을 줄 수 있으니 헤어컨디셔너를 꼭 준비해야 한다.

블루라군의 치유 성분에 감명받았다면, 피부 및 목욕용품을 구매해도 좋다. 건선이나 습진을 앓고 있는 사람들은 블루라군의 온천욕이 증상을 완화시키는 데 도움이 된다.

블루라군 교통편 시간표

레이캬비크 → 블루라군	블루라군 → 레이캬비크	케플라비크 국제공항 → 블루라군	블루라군 → 케플라비크 국제공항
08:30	11:15	08:30	10:30
09:00	12:15	09:30	11:30
10:00	13:15	10:30	12:30
11:00	14:15	11:30	13:30
12:00	15:15	12:30	14:30
13:00	16:15	13:30	16:30
14:00	17:15	15:30	17:30
15:00	18:15	16:30	18:30
16:00	19:15	17:30	21:00
17:00	21:15		22:00
18:00	22:15		
19:00	00:15		
20:00			
19:00			

블루라군 버스 & 입장료 : 성인(16+) 9800isk / 14~15세 5000isk / 0~13세 무료

04

지구 속 여행

스나이펠스네스요쿨은 활화산이며, 마지막 폭발은 약 1,800년 전에 일어났다. 산의 표면은 용암 분출, 분화구, 많은 동굴로 인해 구멍이 숭숭 뚫려 있다. 이 산의 독특한 모양과 인상적인 장면은 당시 소설가들에게 신비적 분위기를 상상하게끔 해주었다.

19세기 후반, 프랑스 작가이자 SF소설의 선구자인 쥘 베른은 아이슬란드의 스나이펠스네스 반도의 한 동굴을 탐험하고 『지구 속 여행(Journey to the Centre of the Earth)』이라는 소설을 집필했다. 이 소설은 바로 유럽인들의 필독서가 되었다. 1864년에 출간된 이 소설은 독일 지질학자와 함부르크 출신 교수 리덴브록과 그의 조카 아셀에 대한 지구 속 탐험 이야기이다. 쥘 베른은 이 동굴이 지구 중심으로 가는 길에 대한 암호화된 메시지라고 생각하여 동굴을 소설의 시작 장소로 사용하였다.

스나이펠스네스요쿨▼

쥘 베른은 지구의 지하세계는 거대한 바다로 가득 차 있다고 생각하였다. 『지구 속 여행』은 액체로 둘러싸인 판이론을 근거로 '지구 속의 액체에는 무엇이 있을까?'라는 상상에서 시작하였다. 괴물들, 선사 시대의 사람, 강력한 소용돌이를 차례로 마주한 영웅들이 마침내 지구 표면을 향하여 위쪽으로 휩쓸려 올라간 후 이탈리아 남부 해안의 화산섬 스트롬볼리(Stromboli)에서 모습을 드러낸다는 줄거리이다.

바튼쉘리르는 『지구 속 여행』에 나오는 동굴을 탐험해볼 수 있는 곳으로 스나이펠스네스
반도에서 가장 유명한 장소이다.

또한 이곳에서는 빙하 트레킹도 신청할 수 있다. 2008년 〈잃어버린 세계를 찾아서〉라는
영화는 쥘 베른의 소설을 영화로 만든 것이고, 이 영화를 바튼쉘리르에서에서 촬영했다.

동굴 탐험 순서

① 화산 폭발로 분출된 용암이 땅속을 따라 흐르다
식으면서 형성된 동굴로, 입구가 무너지면서 형
성되었다. 대충 7.5m이며, 오래된 동굴은 12m를
더 들어간다. 1시간 정도 동굴을 체험한다. 어두
컴컴하고 비좁은 동굴을 지나자 탁 트인 곳에 이
르렀다.

② 처음 마주친 곳은 용암석순이 점점이 늘어선 곳
이다. 용암석순은 천장의 한 지점에서 용암이 떨
어져 굳으면서 생긴 것이다. 천장에서 떨어진 용
암의 양에 따라 그 길이가 다른데, 한 번 떨어지
면 더 이상 떨어지지 않는다고 한다. 동굴의 한
쪽 구석에는 동굴 입구를 찾다가 죽은 여우가 있는데, 삶과 죽음의 경계에서 얼마나 두려
웠을까를 생각하게 된다.

③ 다채로운 색깔을 띠고 있는 동굴의 벽은 다양한
미생물이 천착해 살면서 생긴 결과다. 용암을 통
해 들어온 물에 수천 년 동안 살고 있는 박테리
아는 밝은 빛에서는 살 수가 없다. 동굴 안을 최
소한의 빛만 비추는 이유이다.

④ 두꺼운 층의 용암이 불그스레한 것은 뜨거운 용
암이 넘쳐 흐르면서 산소가 들어갔기 때문이다.

⑤ 용암 고드름은 박쥐가 떼를 이뤄 달라붙어 있는
것과 비슷해 '돌박쥐'라고 부른다. 더 이상 나아
갈 수 없는 곳에 이르면 마지막으로 사진을 찍고
나온다.

05

스코가르 마을

아이슬란드를 둘러싼 1번도로를 링로드라고 부른다. 링로드를 따라 남쪽으로 가다 보면 처음에 어디인지 몰라 난감할 때가 있다. 도로 좌측 절벽 옆 아래에 조성된 잔디집들을 조금만 지나 3km 정도 더 나아가면 스코가르(Skógar)에 도착한다.

스코가르 마을을 혹시 지나쳤더라도 도착했다는 사실을 커다란 폭포를 만나면 알게 된다. 스코가포스(Skógafoss)는 67m로 남부에서 가장 높은 폭포로 한번에 떨어지는 물의 양이 대단하다. 굴포스는 3단으로 내려오는 폭포이지만 스코가포스는 한번에 엄청난 양의 폭포수가 내려온다. 엄청난 물의 양 때문에 가까이 다가가기가 힘들다.

방수 외투를 입고 모자를 뒤집어쓰고 최대한 가까이 다가가면 폭포의 위력을 온몸으로 느낄 수 있다.

스코가포스 오른쪽 위로 올라가면 스코가포스를 위에서 볼 수 있도록 해놓았다. 주위로 마을이 있다. 이 스코가포스 근처의 마을들을 스코가르 마을이라고 부른다. 스코가르 마을에는 폭포 바로 앞에 캠핑장이 있고 바로 옆에 여름에만 운영하는 호텔 에다가 있다. 호텔 에다에서도 스코가포스를 직접 바라보며 잠들 수 있다. 스코가포스의 소리 때문에 잠을 자기가 힘들지는 않을까 걱정하지만 폭포소리가 오히려 자장가처럼 들릴 것이니 걱정하지 않아도 된다.

스코가르 마을에는 특이한 박물관이 있
다. 민속박물관(Folk Museum, www.
skogasafn.is)으로 스코가르 출신의 포
디르 토마손이 1949년부터 운영 중인
데 상당히 인기가 있다. 그는 수집품을
학교 지하실에서 전시하였지만 얼마 되
지 않아 공간 부족 탓에 새로운 장소로 옮겨야 했다. 지금은 어업, 농업, 수공업, 교통 등
의 섹션으로 나뉘어져 있으며, 잔디로 지붕을 얹은 농장과 작고 예쁜 교회를 포함한 13개
의 오래된 아이슬란드식 건축물도 볼 수 있다.

남부 지방에는 여성들이 특히 좋아할 만한 아기자기하면서도 장대한 풍경들을 만날 수
있는데, 그중 하나가 218번국도를 따라가면 나오는 디르홀레이(Dyrhólaey)이다. 엽서에
단골로 등장하는 가파른 절벽과 아치형의 코끼리 바위가 보인다. 누구나 이곳에서 사진
을 찍기에 여념이 없다.
남부의 가장 큰 마을은 비크(Vík)이다. 언덕 위의 교회가 인상적인 마을로 500명 정도가
거주하고 있다. 환상적인 해안가를 따라 피어 있는 야생화 '루핀'이 아름답다. 해안은 화
산재가 바다까지 흘러들어 금빛이 아닌 검은 모래로 덮여 있다. 해안의 너울이 들이치면
서 파도가 검은 모래 해변으로 아름답게 부서진다.
해안의 가운데에는 바다로 튀어나와 있는 높이 솟은 손가락 형태의 검은 바위 레이니스
드랑구르(Reynisdrangur)가 있다. 제비갈매기가 날아다니는 이곳은 제비갈매기 군락이
있기도 하다. 세계에서 가장 아름다운 10대 해변에 선정된 해변을 따라 1시간 정도의 트
레킹은 반드시 해야 하는 필수 코스이다.

06

바트나요쿨 만년설

아이슬란드 남부에서 동부로 넘어가는 경계 지점에 북극을 제외하고 가장 거대한 빙하 지역인 바트나요쿨 만년설(Vatnajökull icecap)이 자리하고 있다. 아이슬란드 전체면적의 12%를 차지하는 바트나요쿨 만년설은 이동 중간에 눈앞에 펼쳐지는 하얀색 풍광으로 알게 된다. 바트나요쿨은 그 주위를 도는 데에만 5시간 이상이 걸릴 정도로 넓다.

지금은 1번도로인 링로드를 따라 하루면 레이캬비크에서 바트나요쿨과 호픈(Höfn)까지 구경할 수 있다. 여름에 하루 일정으로 호픈까지 1일 버스 투어 상품이 운영 중이다. 링로드가 만들어지기 전인 1974년까지 동부 지역은 아이슬란드에서 가장 이동하기 힘든 외딴 시골 마을이었다.
육로로 스카프타펠(Skaftafell)과 호픈에 가려면 북부의 아쿠레이리를 돌아서 약 1,100km를 가야 하는 힘든 이동이었는데, 링로드 덕분에 국립공원의 빙하로 가득한 스카프타펠은 가장 인기 있는 명소가 되었다.

▼바트나요쿨 만년설

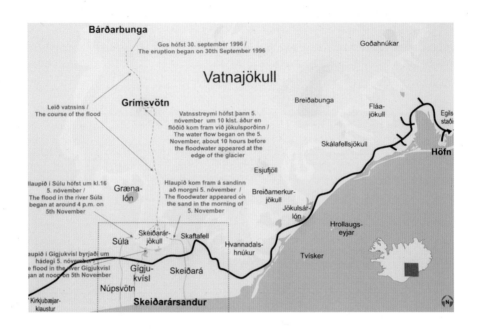

The eruption began on 30th September 1996 / Gos hófst 30. september 1996

Bárðarbunga

Goðahnúkar

Vatnajökull

Grímsvötn

Leið vatnsins /
The course of the flood

Breiðabunga

Fláajökull

Egils
staði

Vatnsstreymi hófst þann 5.
nóvember um 10 klst. áður en
flóðið kom fram við jökulsporðinn /
The water flow began on the 5.
November, about 10 hours before
the floodwater appeared at the
edge of the glacier

Skálafellsjökull

Höfn

Esjufjöll

Hlaupið í Súlu hófst um kl.16
5. nóvember /
The flood in the river Súla
began at around 4 p.m. on
5th November

Græna-
lón

Hlaupið kom fram á sandinn
að morgni 5. nóvember /
The floodwater appeared on
the sand in the morning of
5. November

Breiðamerkur-
jökull

Jökulsár-
lón

Hrollaugs-
eyjar

Súla

Skeiðarár-
jökull

Skaftafell

Hvannadals-
hnúkur

Tvísker

Hlaupið í Gígjukvísl byrjaði um
hádegi 5. nóvember /
The flood in the river Gígjukvísl
began at noon on 5th November

Gígju-
kvísl

Skeiðará

Núpsvötn

Kirkjubæjar-
klaustur

Skeiðarársandur

6월과 7월 주말에는 사람이 너무 많아서 북적댄다. 한편, 해안가를 따라 드라이브하다 보면 작은 농장과 유적지 들이 산재해 있는 화려하고 잊을 수 없는 풍경을 만날 것이다.

브레이다머요쿨(약 1만 년 전에 생성)

바트나요쿨은 극지방을 제외하면 세계에서 가장 큰 만년설 지역이다. 일반인의 눈에는 극지방의 빙하와 비슷해 보이지만 사실 온대 지방의 빙하라고 할 수 있어 빙하의 상태가 북극의 빙하와는 완전히 다르다. 녹는점에서 얼음이 녹지만 꼭 대기층은 한여름에도 서리가 녹지 않고 남아 있는 경우가 많다.

아이슬란드인들이 정착 후 300~400년 동안, 바트나요쿨의 빙하는 지금보다 작

검은 띠는 화산재의 흔적이다▲

았다고 한다. 13세기 말부터 기온이 떨어지면서 빙하가 확장되기 시작했다. 바트나요쿨의 빙하는 18~19세기 동안 최대 크기였지만 1890년 이후부터 점점 크기가 작아졌고, 지금은 지구온난화로 녹는 속도가 더욱 빨라지고 있다. 앞으로도 지구온난화로 인해 놀랄 만한 속도로 상황이 뒤바뀔 것이다.

스카프타펠 국립공원은 1967년에 설립된 후, 1984년에 확장되어 현재는 면적이 1,600㎢이다. 2008년 6월에 이 보호구역은 새로 만들어진 바트나요쿨 국립공원의 일부로 편입되었다. 이 국립공원은 13,600㎢로 아이슬란드 전체 면적의 13%나 차지하며 유럽에서 가장 크다.

빙하 호수

요쿠르사(Jökulsá) 강 위의 현수교를 지나면 여행자들이 가장 가고 싶어 하는 장소 중 하나인, 빙하에서 떨어진 빙산으로 가득한 호수 요쿨살론(Jökulsárlón)이 있다. 이 빙산 조각들은 빙하 브레이다머쿨(Breiðamerkurjökull)에서 분리되어 호수로 들어왔다. 20세기에 빠른 지각 변동으로 바다로 이동하는 통로가 막히면서 형성되었다. 그러나 지구온난화로 인해 빙하가 빠르게 녹으면서 요쿨살론은 지금, 호수의 깊이가 아이슬란드에서 가장 깊은 250m가 되었다.

6~8월에는 하루에 약 40번의 보트 투어가 있다. 해안가에서도 빙산들을 볼 수 있지만, 이 빛나는 얼음 조각들 사이를 떠다니는 경험은 여행자들에게 평생 간직할 만한 소중한 경험이 된다. 1000년 된 요쿨살론의 얼음을 직접 들고 보면 놀라울 정도로 깨끗하다.

07

세이디스피오르

아이슬란드의 동쪽 끝에 작은 도시가 하나 있다. 93번도로 동쪽에 위치한 세이디스피오르(Seyðisfjörður) 항구는 가파른 산으로 둘러싸인 조용한 동네이다. 아이슬란드 동쪽에는 북유럽이 위치하고 있다. 북유럽의 덴마크에서 중간의 페로제도를 거쳐 세이디스피오르 사이를 각각 연결한다. 시밀(Smyril)라인사 소유의 노로나(Norröna)페리가 드나들고 있다. 이 페리는 4월부터 10월 말까지 운영되다가 겨울이 시작되면 항구가 폐쇄된다. 터미널 안에는 카페와 관광 안내소가 있다.

꼭 배를 타기 위해서가 아니더라도 세이디스피오르는 한번 들러볼 만하다. 아이슬란드 동부에서 가장 큰 도시인 에이일스타디르(Egilsstaðir)와는 다르게, 세이디스피오르는 밝고 아름다운 목조 건물들과 친절한 주민들이 여행자들을 맞이하는 개성 넘치는 도시이다.

아이슬란드의 주요 산업은 어업이고 세이디스피오르 주민들 대부분은 어업에 종사한다. 매년 가을에 동부 피오르드 근처의 얕은 바닷가로 몰려오는 청어 떼는, 가을부터 봄까지 수산물 가공 공장이 더 바쁘게 대량으로 돌아가게 하는 원인이다. 성수기에는 매주 목요일마다 수산물을 가득 실은 배가 들어와서 도시는 활기를 띤다. 비수기에는 매주 화요일마다 들어오는 페리가 이곳을 활기차게 만든다.

08
아쿠레이리

'아쿠레이리(Akureyri)'는 땅을 뜻하는 아쿠르(Akur)와 들어간 곳을 뜻하는 에이리(eyri)의 합성어로, 땅이 피오르드 안쪽으로 들어간 지형이다. 아이슬란드 제2의 도시로 메트로폴리스급이긴 하지만, 실제 인구는 18,000여 명에 불과해 도시라기보다는 마을이라는 말이 어울린다. 아이슬란드 북부는 겨울에 매우 춥지만 아쿠레이리는 에이야피오르(Eyjafjörður)에 1년 내내 녹지 않는 만년설을 가진 화강암질 산맥을 뒤로 두고 있는, 배산임수의 지형이라 겨울에도 의외로 춥지 않다. 북극권 한계선으로부터 겨우 100km밖에 떨어져 있지 않지만, 아쿠레이리는 아이슬란드에서도 날씨가 따뜻한 곳이다.

6월이 되면 카페의 테
이블과 사람들이 길가
로 나오고 관광객들이
찾아온다. 랜드마크인
아쿠레이랴크키르캬
교회, 오래된 목조 건
축물, 소규모 박물관과
아기자기한 예쁜 레스
토랑 등으로 아쿠레이
리는 관광객들을 사로
잡는다. 에이야피오르 탐험의 전초기지로 손색이 없고 고래 투어를 위해 더 먼 후사비크
로 가는 버스 투어 및 보트 투어의 시작점 역할을 한다.

아쿠레이리는 16세기 덴마크 상인이 창고를 지으면서 도시가 되었다. 1770년대가 되어
서야 최초로 상주하는 가족들이 생겨났으며, 1786년 전체 거주민이 12명이 되었다. 그러
나 아쿠레이리는 인구가 늘어나지 않으면서 번영하지 못했고 1862년에는 무역 능력도 동
부 지역에 내주게 된다. 새로운 항구가 건설되고 아이슬란드 농부들 사이의 새로운 중심
지로 자리매김하면서 아쿠레이리는 다시 도시가 될 기회를 가지게 되었다.

20세기 초반, 거창한 목조 맨션들이 아쿠레이리 남부를 채워나가기 시작했다. 북쪽의 오데이리(Oddeyri) 지구는 항구와 창고 지역이 되었다. 현재의 아쿠레이리에는 종합대학도 있고, 여러 연극단과 다수의 영화관이 있다.

아쿠레이리는 아이슬란드에서 가장 중산층이 많은 도시라서 밝은 도시 분위기를 기대했지만 사람들이 폐쇄적이고, 보수적이며, 심지어 우울하다고까지 한다. 다른 지방의 아이슬란드 사람들은 아쿠레이리에서 태어나서 자라지 않는 이상 아쿠레이리 사람들을 알 수 없다고 이야기하곤 한다.

이 이야기가 진실이어도 관광객들이 아쿠레이리로 여행을 가는 데 전혀 문제될 것은 없다. 특히 여름, 주말이 되면 레이캬비크에서 출발하는 아쿠레이리행 비행기는 가득 찬다.

하프나스트레티 중심가

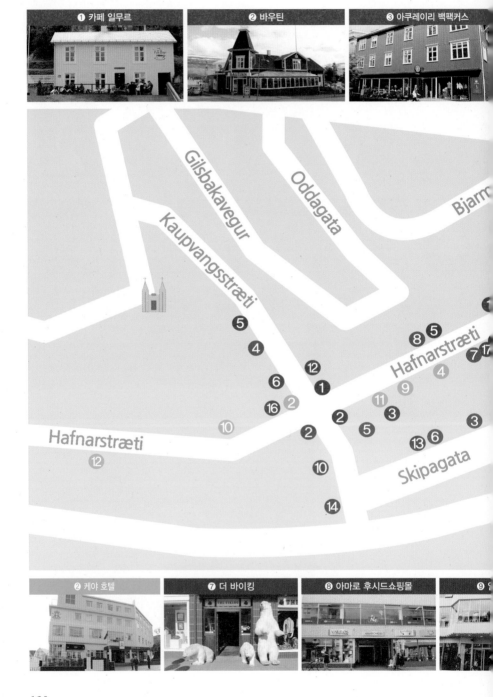

① 카페 일무르
② 바우틴
③ 아쿠레이리 백팩커스
② 케야 호텔
⑦ 더 바이킹
⑧ 아마로 후시드쇼핑몰
⑨

⑬ 스트리 키드

⑰ 인디안 커리후트

레스토랑

1. 카페 일무르
2. 바우틴
3. 아쿠레이리 백팩커스
4. DJ Grill
5. Goya Tapas bar
6. Hotel KEA Restaurant
7. Besti Bitinn
8. Kua Siam
9. Kung Fu Sticks+Sushi
10. La Vita éBella
11. Pengs
12. Rub Fish—Steak—Sushi
13. 스트리 키드
14. 1862 Nordic Bistro
15. Hamborgarafabrikkan
16. Serrano
17. 인디안 퀴리호프

숙소

1. Hotel Apartment
2. 케야 호텔
3. Hotel Norðurland
4. Gesthouse Akureyri
5. Gesthouse
6. Gesthouse Gula Villan
7. Hrafninn Gesthouse
8. Gesthouse Sólgarðar
9. Centrum Hostel
10. Aprtment
11. Akureyri Backpackers
12. Pearl of the North

라이트라이프

1. Cafe Amor
2. Kaffi Akureyri
3. Pósthúsbarinn
4. Brugghúsbarinn
5. Götubarinn
6. Græni hatturinn
7. 더바이킹
8. 아마로 후시드 쇼핑몰
9. 알레스카 미니 마켓

카페 & 베이커리

1. Te&caffi
2. 어먼션 서점
3. Blàa Kannan
4. ísbúðin-Akureyri — ís og kaffi
5. 필서바그닌

② 어먼션 서점

⑤ 필서바그닌

09

보프나피오르

동부를 여행할 때 에이일스타디르(Egilsstaðir)와 세이디스피오르(Seyðisfjörður)만 하루 정도 여행하고 데티포스(Dettifoss)로 이동하는 경우가 대부분이다. 동부 피오르드 지형의 진수를 맛보고 싶다면 917번도로를 이용해 'Weapon fjörður'라는 별칭의 보프나피오르 (Vopnafjörður)로 이동해볼 것을 추천한다.

에이일스타디르에서 보프나피오르로 가기 위해 가민 내비게이션으로 검색을 하면 85번도로를 따라가는 포장도로가 아니라 이동거리가 가장 짧은 917번도로를 안내한다. 917번도로는 거의 비포장도로로 아이슬란드에서 가장 높은 655m의 피오르드 지형을 넘어가야 한다. 비가 오거나 눈이 조금이라도 오면 그 도로로는 피오르드를 넘어갈 수 없다.

나도 비가 오는 안개 자욱한 날씨에 엉겁결에 917번도로를 들어가 피오르드 지형을 약 2시간 만에 넘을 수 있었다. 살았다는 안도의 한숨을 내쉬는 찰나, 눈앞에 폭포가 나타났다. 거대한 빙하 지형이 만들어낸 폭포는 아이슬란드의 그 어느 폭포보다 높고 거대한 장관이었다.

아이슬란드 여행자 대부분은 피오르드를 따라 삐뚤빼뚤한 도로를 이동한다. 나도 마찬가지였는데 그곳을 지날 때마다 '피오르드 위는 어떻게 생겼을까?' 하는 궁금증이 있었다. 계획에 없던 이동 덕분에 평소의 궁금증을 해소할 수 있었다. 보프나피오르 해안은 노르웨이와의 전쟁에서 험난한 지형 덕분에 승리를 거둔, 아이슬란드의 자존심을 지킨 피오르드 지역이다.

10

아이슬란드의

반전 매력

헤클라 산과 근처의 비경

헤클라 산(Hekla Mt.)은 아이슬란드의 활화산으로 레이캬비크의 동쪽 110km에 위치해 있다. 해발 1,557m로, 빙하로 덮인 위용을 자랑한다. 헤클라 산은 그동안 수없이 많은 분출을 하였고, 마지막 분출은 2000년에 있었다. 현재도 분출 위험이 있지만 어느 정도 예측이 가능하기 때문에 그리 위험하지는 않다. 헤클라 산은 한 번 분출할 때마다 대량의 용암이 발생했기 때문에 '앵그리 볼케이노'라는 별칭이 있을 정도다. 헤클라 산의 트레킹은 홀라스코구르 산장(Hólaskjógur Hut)에서 시작된다.

헤클라 산 트레킹에는 날씨가 절대적이다. 홀라스코구르 산장에 머물며 트레킹이 가능한지를 판단해야 한다. 트레킹 여부는 산장 매니저 라흔헤이뒤르에게 문의하는 게 좋다.

헤클라 산의 새벽▼

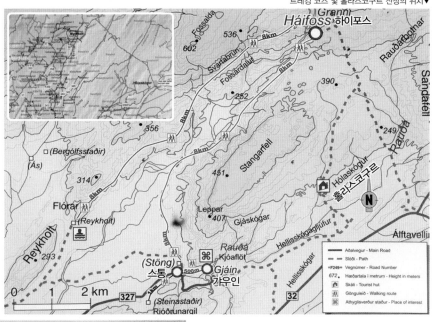

199

홀라스코구르 산장

▶Tel | 780 6113
▶위치 | GPS 좌표 63°58.849 N/18°31.319 W
▶수용인원 | 약 80명
▶샤워실 | 4개
▶화장실 | 1, 2층 하나씩

파랴박슬레이드(Fjallabaksleið)의 엘드갸(Eldgjá) 가까이에 있는 산장이다. 기본적이지만 편안하고 주방까지 갖추고 있어 편리하다. 인터넷으로 예약이 힘들어 오히려 7~8월 성수기에도 붐비지 않는다. 근처에는 말타기 체험장과 트레킹 코스가 있다. 자전거를 타기에도 적합한 곳이다.

▼내부

말타기▲

산장에서의 2박 3일 일정
▶1일차 : 하이포스 → 갸인정원(Gjáin) → 스통(Stöng)
▶2일차 : 헤클라 산 트레킹(약 4시간 소요)
▶3일차 : 란드만나라우가 자연 노천온천

트레킹 코스
하이포스 → 갸인정원 → 스통

하이포스(Háifoss)

아이슬란드에서 세 번째로 높은 폭포다. 122m의 높이에서 떨어지는 풍경은 사진으로 담을 수 없을 만큼 장엄하다. 하이포스 근처의 주차장에 주차하고 평지의 조그만 폭포를 생각하고 다가갔는데, 엄청난 반전 매력을 뽐낸다. 마치 거대한 폭포가 무엇인지를 보는 느낌이다. 폭포수가 떨어지는 지점에 큰 화강암바위가 있는데, 가운데가 움푹 들어간 모습만 보더라도 폭포수가 얼마나 강력한지를 짐작하게 한다.

하이포스 좌측으로는 빙하가 만들어놓은 물줄기가 나 있고 우측으로는 하이포스보다 작은 또 다른 폭포가 있다. 하이포스는 아이슬란드의 숨은 매력을 찾으려는 사진작가들이 빼놓지 않고 들르는 곳이다.

갸인

산장 밑에 위치한 인공정원이지만 인공적인 느낌은 거의 나지 않는다. 인랜드에 이처럼 아름다운 정원이 있을 거라고 누가 생각했겠는가! 갸인정원을 본 관광객들은 감탄을 금치 못한다. 햇살이 따뜻한 날이면 관광객들은 작은 주상절리 폭포 아래에서 명상을 하고 이야기를 나누며 편안한 시간을 즐긴다.

스통

바이킹 시대의 농장이었던 스통은 바이킹이 살았던 집터를 보존해놓아 아이슬란드에서 역사적인 의미를 지니고 있는 장소다. 그러나 관광객들에게 큰 감흥을 주지는 못한다. 다만, 갸인정원 인근에 있기에 이동하기 편하다는 장점이 있다.

란드만나라우가(Landmannalaugar)

란드만나라우가의 첫인상은 자연의 노천온천이다. 캠핑장 중심에 노천온천이 있고, 주위에는 연기가 피어오른다. 란드만나라우가는 토르파요쿨(Torfajökull) 화산 지역 근처에 있다. 지난 화산 활동은 약간의 북동부와 남서부 지대에서만 있어왔다. 가장 최근에 형성된 베이디보튼(Veiðivötn)의 화산 활동 영역은 북쪽으로 30km가량 더 진행되어 있다. 란드만나라우가는 자연온천으로 관광객들에게 매우 인기가 많으며, 근처의 캠핑장도 여름이면 항상 캠핑족으로 붐빈다.

한여름에 자연온천 근처에는 수영을 즐기려는 사람들로 무척 북적이는데, 때로는 온천에 들어가려고 기다리는 경우까지 발생한다. 용암류 바로 아래의 따뜻하고 차가운 용천수들은 란드만나라우가를 하늘 아래 천국으로 느끼게 하고 있다. 여행자 쉼터 위에는 용암 지대 로우가흐라운(Laugahraun)이 있는데, 란드만나라우가의 사진은 대부분 이곳에서 촬영한 것들이다. 로우가흐라운은 용암벽 아래에서 지열수와 온천수의 물줄기가 합쳐져 수영과 온천욕에 최적의 온도를 만들어내는데, 15세기 말 폭발로 형성된 것으로 과학자들은 추측했다.

아이슬란드를 여행하는

또 다른 방법, 캠핑

Campsite

01

아이슬란드 캠핑을 위한

준비물

아이슬란드 캠핑 여행을 원하는 사람들이 늘어나고 있다. 하지만 쉽게 결정하기가 힘든 것이 현실이다. 무엇이 결정을 미루게 하냐고 물었더니 제일 처음으로 하는 말이 한국에서 무슨 준비물을 가지고 가야 할지 모르겠다는 것이었다. 그들에게 간단한 캠핑 준비물 목록을 주곤 했다.

▶텐트

우리나라에서 판매되고 있는 텐트는 종류도 많고 가격도 천차만별이다. 또한 무게도 상당히 다양하다. 본격적인 아이슬란드 캠핑 여행을 준비하기 전 시중의 텐트들을 살펴보고 어떤 텐트가 좋은지 알아보자. 어느 정도 판단이 섰을 때 구입하는 것이 좋다.

텐트를 치기 편하고 가벼운 돔형 텐트
2개의 폴대를 X 자로 교차하여 이어만 주면 쉽게 텐트를 칠 수 있다. 작고 가볍기 때문에 들고 다니기도 편하다. 여름에만 캠핑을 할 수 있는 아이슬란드에서 적당한 텐트이다.

빠르고 간편하게 칠 수 있는 팝업형 텐트
대개 2인용 정도로, 원형을 던지기만 해도 칠 수 있는 팝업형 텐트는 사용하기에 가장 편리하다. 하지만 바람이 많이 불 때 텐트의 안정도가 떨어진다.

큰 공간이 장점인 거실형 텐트
우리나라 캠핑장에서 가족 단위의 캠핑족이 대부분 가지고 다니는 거실형 텐트는 거실 공간과 잠자는 생활 공간으로 구분되어 편리하다. 하지만 해외에서는 크고 무거워 들고 다니기가 쉽지 않다.

천장이 높고 공간이 넓은 인디언 텐트

요즘음 앞서간다는 캠핑족이 사용하는 티피형 텐트로, 일명 인디언 텐트로 통한다. 연통을 위로 빼서 쓸 수 있어 겨울철에 유용하지만 아이슬란드에서는 불필요하다. 무게도 상당해 절대 가지고 가서는 안 되는 텐트이다. 캠핑장에는 팝업형 텐트나 돔형 텐트가 주를 이룬다.

▶꼭 필요한 캠핑 장비

레이캬비크 캠핑장에는 1인용 메트리스와 버너, 랜턴, 외국에서는 구입하기 힘든 부탄가스도 판매하고 있다.

텐트, 타프, 침낭, 1인용 메트리스, 랜턴, 코펠, 버너(휴대용 가스레인지)가 아이슬란드 캠핑에서 가장 필수적인 캠핑 장비이다. 타프는 그늘도 만들어주고 비도 막아주는 등 여러 용도로 사용이 가능하다.

텐트 바닥에서 올라오는 냉기와 습기를 막아주는 메트리스를 깔고 침낭을 덮고 자면 텐트에서는 더 이상 필요한 것이 없다. 코펠과 버너는 레이캬비크 캠핑장처럼 커다란 캠핑장에서는 조리 시설이 준비되어 있어 필요없지만 작은 캠핑장에서는 음식을 만들어 먹는 데 꼭 필요한 준비물이다.

타프▼

▼코펠/버너(휴대용 가스레인지)

더 이상의 준비물은 있어도 무게 때문에 가지고 다니기가 힘들다. 비싼 캠핑 장비를 구입할 필요도 없다. 해외에서의 캠핑은 힐링을 위한 여행의 한 가지 방법이라 우리나라처럼 한가득 장비를 가지고 와서 캠핑을 즐기지 않는다. 저렴한 여행 비용으로 누구나 힐링을 하고 돌아가는 여행 방법인데, 불황으로 힘든 유럽의 젊은이들은 캠핑하면서 자신을 되돌아보고 다양한 사람을 만나면서 즐거운 여행을 하고 있다.

캠핑 여행을 하면서 '더 필요한 장비는 무엇일까?' 생각했을 때 시설이 부족한 작은 캠핑장에서는 캠핑용 의자가 가끔 필요할 때도 있다. 비가 오면 여름에도 춥기 때문에 가스난로를 준비해 미리 텐트 안에 난방을 하고 자면 추위가 해결된다. 가스난로는 반드시 끄고 자야 안전하므로 꼭 필요한 장비는 아니다.

▶불필요한 캠핑 장비

키친 테이블
해외 캠핑족은 잘 사용하지 않는 장비로, 조리 시설이 대부분 갖춰져 있기 때문이다.

화로대
캠핑장에서는 준비된 화로대에서만 조리가 가능하므로 무거운 화로대는 불필요하다.

랜턴 스탠드
아이슬란드의 여름은 백야로 랜턴 사용이 많지 않다. 랜턴은 비가 올 때나 흐린 날, 텐트 안에서 사용한다.

▶필수 캠핑 준비물

침낭
침낭은 야외에서도 포근한 잠자리를 제공하는 중요 아이템이다. 요즘은 합성소재도 다운 못지않게 보온력이 좋아 캠핑용을 저렴하게 구입할 수 있다. 내부에서 움직임이 편하고 이불처럼 덮고 잘 수 있는 사각 침낭이 다용도로 사용하기 좋다.

핫팩
침낭을 가지고 간다고 하면 겨울 침낭을 가지고 가기보다 여름 침낭을 가지고 가는 것이 부피가 작아진다. 아이슬란드가 추울까 걱정이 되기도 하지만 그럴 때는 미리 핫팩을 준비해 잠자기 1시간 전에 미리 흔들어 침낭에 두 개를 아래위로 넣어놓으면 겨울 침낭과 동일한 효과를 볼 수 있어 전혀 춥지 않다.

코펠
요리가 즐거워야 캠핑이 맛있어지는 것은 당연지사. 그러자면 조리 도구가 중요하다. 코펠에 따라 프라이팬, 접시, 밥그릇 등 구성품이 다양하다.
사용 인원수보다 좀 더 넉넉하게 고른다. 시중에 판매되는 코펠 재질은 연질, 경질, 스테인리스, 티타늄, 세라믹의 다섯 가지로 나눌 수 있는데, 아노다이징 처리를 한 경질 코펠이나 부식에 강하고 튼튼한 스테인리스 코펠을 주로 많이 쓴다.

▶부수적인 캠핑 준비물
의자
의자는 휴식, 독서, 식사 등 많은 부분에 활용되는 장비다. 휴대성이 좋고 튼튼한 것으로 구입한다. 등을 기댈 수 있는 것부터 팔을 걸칠 수 있는 것까지 다양한데, 본인의 취향과 테이블 높이에 맞춰 편안하게 앉을 수 있는 것으로 고른다.

캠핑 테이블

캠핑 테이블은 운반과 수납이 편리하도록 만든 접이식 제품이 대부분이다. 테이블은 가족수보다는 조금 큰 크기로 구입해야 여유롭게 사용할 수 있다. 다리의 높낮이를 조절할 수 있는지, 설치가 쉽고 간단한지를 따져봐야 한다.

캠핑 스토브

캠핑의 즐거움은 뭐니 뭐니 해도 요리다. 요즘엔 가정에서 쓰는 것만큼 편리하고 화력이 좋으면서도 안전한 제품들이 많이 출시되고 있다. 패밀리 캠핑에서는 1구보다는 2구 가스 스토브가 편리하다. 다양한 요리를 동시에 해야 한다면 3구 스토브를 고르면 된다.

Q & A

벌레가 텐트로 들어오면 어떡하죠?

아이슬란드의 날씨는 여름에도 20도를 넘는 경우가 적고 대체적으로 바람이 많이 분다. 이런 환경이다 보니 벌레가 거의 없어서 벌레에 대한 준비는 필요없다. 다만 북쪽의 미바튼 지역만 모기가 있으니 미바튼 호수 근처에서는 캠핑을 자제하자.

캠핑장에서 떠드는 캠핑족이 있어 소란스럽지 않나요?

우리나라의 캠핑장이 얼마나 소란스러운지 알 수 있을 정도로 아이슬란드 캠핑장은 조용한데, 아이슬란드에서 캠핑을 하다 보면 고성방가는 있을 수 없는 일이다. 휴게소에서 조용히 이야기하고 서로 대화를 나누는 캠핑장에서 우리나라의 왜곡된 캠핑 문화를 느끼며 반성도 하게 된다.

캠핑장 주변이 쓰레기 때문에 냄새가 나지 않나요?

캠핑장에서 분리수거는 철저히 이루어지고 있다. 매일 분리수거를 하여 냄새는 거의 나지 않는다. 깨끗한 캠핑장관리를 보며 나 자신도 분리수거에 신경쓰게 된다. 환경보호를 하는 아이슬란드를 다시 보게 될 것이다.

아이슬란드 캠핑을 준비한다면 마트에서 미리 준비하자!

아이슬란드 캠핑에서 가장 걱정하는 것이 '음식을 어떻게 해 먹을 것인가?' 하는 점이다. 아이슬란드 여행이 시작되면서 우리나라 음식이 그리워지는 시간이 반드시 찾아온다. 또한 백야인 여름에 밤늦게 캠핑장을 들어가는 경우에는 필요한 음식을 미리 한국에서 가지고 간다면 쉽게 한 끼를 해결할 수 있다.

미리 마트에서 장을 봐 가지고 갈 캠핑 준비물

감치미

고추장 & 쌈장

골뱅이

꽁치

조미김

밥에 뿌려 먹는 것

밥에 버무려 먹는 첨가물

라면

각종 캔류

즉석밥

아이슬란드 캠핑 여행 준비물 체크 리스트

분야	품목	개수	비고	체크(V)
숙박 및 취사 도구	텐트	1		
	침낭	1		
	에어 베개	1		
	핫팩	1일(1~2개)		
	휴대용 가스버너	1		
	그라운드 시트(방수용)			
	코펠	4인용		
	조리 도구(가위, 칼 등)			
	수저 세트	4인용		
	요리용 도마			
	지퍼락 비닐봉투	10		
	쌀		현지 구입	
	쿠킹호일	20	현지 구입	
	커피믹스	1	현지 구입	
식량	라면	10		
	깻잎, 캔 등	10		
	고추장, 쌈장	3		
	전투식량	5		
	김	10		
	동결 건조김치	5		
	즉석 자장, 카레	5~10		
약품	지사제			
	일회용 밴드(대일밴드 등)			
	진통제			
	흉터 치료 연고(마데카솔 등)			
	바르는 모기약(버물리 등)			
	소화제			
	감기약			

02

최신 시설의

대규모 캠핑장

레이캬비크 캠핑장

레이캬비크에 있는 유일한 캠핑장으로, 아이슬란드에서 가장 큰 캠핑장이다. 약 700명을 수용할 수 있으며 휴게실부터 조리실까지 갖추고 있어 최적의 캠핑을 즐길 수 있다. 2014년에 조리실, 휴게실을 새로 만들어 더 쾌적한 캠핑장이 되었다.

캠핑장 입구로 들어서면 매우 큰 잔디밭에 자리 잡고 있는 많은 텐트가 보인다. 그렇게 큰 캠핑장에 전 세계의 여행객들이 캠핑 여행을 한다는 것이 놀라울 뿐이다. 일반적인 다른 숙소처럼 음식을 조리실에서 해 먹을 수도 있고 텐트 옆에서도 음식을 해 먹을 수 있다.

캠핑장 위치 : Sundlaugavegur www.reykjavikcampsite.is
가는 방법 : 시내버스 14번을 타고 Lagur역에서 하차

223

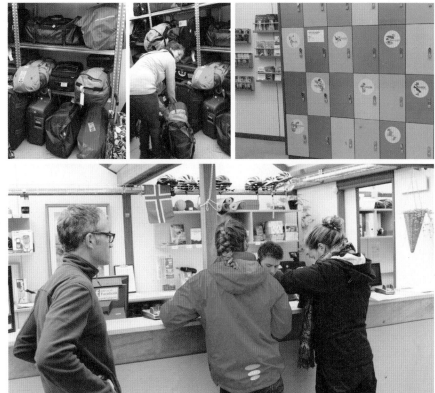

프런트▲

캠핑용 가스▲

캠핑에 필요한 모든 도구를 살 수 도 있고, 사용하고 남겨놓은 도구 를 공짜로 사용할 수도 있다. 와 이파이도 접속할 수 있고 조리 시 설도 잘되어 있어 음식을 해 먹기 도 좋다.

또한 쓰고 남은 식용유나 조리 기 구 등이 있어 미리 준비하지 않아 도 캠핑 여행을 즐길 수 있도록 해놓았다.

캠핑 여행을 하면 자연스럽게 여 행객들과 친해지고 같이 레이캬 비크 시내 여행도 즐길 수 있다.

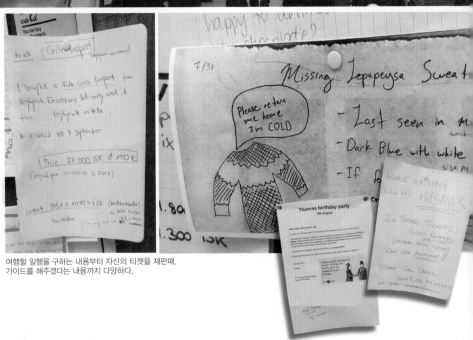

여행할 일행을 구하는 내용부터 자신의 티켓을 재판매.
가이드를 해주겠다는 내용까지 다양하다.

▼야외 조리실

시내로 들어가는 버스는 14번으로 시
내까지는 10분이 채 걸리지 않아 시내
로 진입해 여행을 하기도 쉽다.
올해 캠핑장에 있으면서 작년보다 많
은 한국인 여행객을 볼 수 있었다.

부부가 네 살 아들과 여행을 온 경우도 있고, 마음 맞는 여행객들이 모여 렌터카로 캠핑장을 돌아다니며 여행하는 우리나라 사람들도 만났다. 이제 아이슬란드도 점점 한국인의 유럽 여행지로 인기가 올라가고 있다는 것을 알 수 있었다.

라우가르달스라우그 수영장

레이캬비크 캠핑장의 가장 큰 즐거움 중 하나는 바로 옆에 위치한 시립수영장에서 매우 저렴한 비용으로 수영도 즐기고 온천욕으로 피로를 풀 수 있다는 점이다. 시설이 대단히 좋은 수영장의 이용비가 성인은 우리 돈으로 6,000원, 아이들은 1,400원이다. 물의 온도가 18도 이상으로 맞춰져 있어 추운날에도 수영을 할 수 있으며 한쪽에는 온천물도 있어 다양한 연령층이 사용한다.

입장료 : 성인 600kr / 어린이 140kr
시설 : 풀장 4, 온천풀 1

아쿠레이리 캠핑장

5월 중순부터 9월 중순까지 개방하는 아쿠레이리의 유일한 캠핑장으로, 아쿠레이랴르키르캬 교회 오른쪽으로 언덕을 올라가서 수영장을 지나면 횡단보도 건너에 YHA와 붙어 있다.

200명 정도를 수용할 수 있는 큰 캠핑장으로, 여름에는 캠핑을 즐기는 여행객이 많다. 샤워장과 인터넷 사용 가능하고 조리는 조리실에서만 할 수 있다. 시설 좋은 수영장이 횡단보도만 건너면 있기 때문에 가족과 함께 지내기에 좋다.

시내 중심까지도 3분 거리에 있어 걸어서 아쿠레이리를 여행할 수 있다. 성인 1인당 1,100kr이고 어린이는 무료이다.

03

바다를 보며, 폭포 소리를 들으며
여유를 만끽하는

힐링 캠핑장

스코가포스 캠핑장

스코가포스 앞의 작은 규모의 캠핑장으로, 남부 지방 여행 시 이용하면 된다. 레이캬비크 캠핑장에 비하면 작은 규모이지만 폭포 소리를 들으면서 잘 수 있는 아름다운 캠핑장이다. 샤워실과 휴게실은 있지만 만족할 정도는 아니다. 그러나 하루를 지내고 가기에는 충분하다.

보르가네스 캠핑장

스나이펠스네스 반도를 여행하고자
할 때, 늦게 출발하거나, 1박으로
여행한 후 다시 레이캬비크로 들어
가기에는 늦은 시간일 때 보르가네
스에 들러 1박을 하는 것도 좋은 선
택이다.

보르가네스는 지나치면서 보는 도
시이지만 『에이일의 사가』가 유명하
고 캠핑장도 아름다운 바다 옆에 자
리잡고 있어 1박 캠핑 장소로도 유
명하다.

스카프타펠 캠핑장

스카프타펠 국립공원에 위치한 캠핑장으로, 그 규모가 아이슬란드에서 3번째로 크다. 캠핑장이 넓은 만큼 바람이 많이 불기 때문에 캠핑 자리 선정이 중요하다. 500동 정도 수용이 가능한데, 여름에는 스카프타펠 국립공원을 찾는 캠핑족이 많아서 상당히 붐빈다.

스카프타펠 국립공원 입구를 캠핑장 입구로 혼동하는 사람들도 많다. 국립공원 오른쪽으로 더 이동하면 캠핑장 간판이 보이는데 그곳이 캠핑장 입구다. 스카프타펠 관광안내소와 가까워 여행 정보를 얻기도 좋다.

▼스카프타펠 캠핑장에서는 커피도 판매한다

바비큐 시설▲

샤크길 캠핑장

비크 근처의 캠핑장으로, 주변의 높은 산들이 바람을 막아주기 때문에 안락한 느낌이 든다. 경관이 화려하다. 바람 소리가 심해도 샤크길 캠핑장은 300동 정도는 수용이 가능하고 평소에는 100~200명 정도가 여름에 캠핑을 즐긴다고 한다. 가는 길을 잘 모른다면 비크의 관광안내소에서 팸플릿을 받고 가는 방법을 안내받아 이동하면 된다.

호픈 캠핑장

호픈 캠핑장은 캠핑장의 기능도 있지만 6명까지 수용 가능한 캐빈이 11개나 있어 숙박하는 것과 다를 바가 없다. 세탁기, 건조기 등의 시설이 있어 쉬기에 좋은 캠핑장이다.

세이디스피오르 캠핑장

울타리와 피크닉 벤치가 있는 작은 캠핑장이다. 하지만 휴게소도 있고 인터넷 접속도 할 수 있을뿐더러 샤워 시설과 세탁실도 있다.

캠핑장 이용 TIP

캠핑장 등록

프런트 오픈 시간에 인원수대로 이용 요금을 계산한다. 레이캬비크 캠핑장의 경우, 프런트 직원이 늦은 시각까지 근무하므로 캠핑장에 늦게 도착할지라도 이용하는 데 별 무리가 없다. 다만, 다른 캠핑장의 경우 프런트 직원이 늦은 시각까지 근무하지 않으므로 늦게 도착했다면 다음 날 오전에 인원수대로 캠핑 이용 요금을 지불해야 한다. 캠핑장 요금을 계산할 때 신용카드 결제가 불가능한 경우도 종종 발생한다. 따라서 사전에 현금을 준비해두는 것이 좋다.

이용 요금을 지불하면 스티커를 주는데, 스티커에 이용 날짜와 인원이 표시되어 있다. 캠핑장에서 이 스티커를 보고 이용 인원을 확인하기도 한다. 날짜가 지났다면 캠핑장 직원이 텐트에 스티커를 다시 붙인다. 미처 프런트에 이야기를 하지 못한 채 캠핑했다면 텐트에 붙은 스티커(Please connect the reception)를 볼 수 있을 것이다. 때때로 이른 시각부터 이동해야 하는 일정으로 말미암아 캠핑장 이용 요금을 직원에게 지불하지 못한 채 어쩔 수 없이 떠나는 상황도 벌어진다.

귀중품 보관이나 짐 보관

렌터카 여행 혹은 버스 여행 시 짐을 줄이고 싶다면 레이캬비크 캠핑장의 귀중품 보관함과 짐 보관소를 활용하자. 유료이지만 그만큼 안전하게 짐을 보관할 수 있다.

캠핑가스와 부탄가스

캠핑을 하려고 할 때 항공기에는 캠핑가스를 실을 수 없다. 아이슬란드에서 캠핑을 하려면 레이캬비크 캠핑장을 들르는 것이 좋다. 레이캬비크 캠핑장에서

캠핑가스를 팔고 있으니 미리 구입해두자. 레이캬비크 캠핑장에서는 부탄가스도 구입이 가능하다. 부탄가스는 해외에서 그리 많이 사용하는 휴대 연료가 아니기에 없을 수도 있다. 그럴 때 부탄가스를 보여주면 준비해준다.

취사

캠핑장에서는 취사장에서만 불을 피울 수 있다. 물론 텐트 앞에서 간단한 먹거리 정도는 할 수 있다. 취사장에는 식기, 식재료, 조미료가 대부분 구비되어 있다. 캠핑족 많은 이가 자신이 사용하고 남은 식재료와 조미료를 다음

캠핑족이 사용할 수 있도록 캠핑장에 두고 간다. 취사장이 없는 경우에는 바람막이를 두고 취사해야 한다. 춥다고 텐트 안에서 하는 취사 행위는 매우 위험하므로 절대 금물이다.

화장실과 샤워실

화장실과 샤워실이 같이 있는 경우도 있지만 분리시켜 샤워실 이용 요금을 따로 받는 캠핑장도 있다. 화장실에서 간단한 세면 정도는 할 수 있다. 참고로 세면대에는 뜨거운 물도 잘 나온다. 샤워실은 동전을 넣고 사용하는 코인식(캠핑장 이용 요금에 샤워실 이용료 불포함)도 있고, 캠핑장 이용 요금에 포함되어 무료인 곳도 있다. 다만, 무료인 곳은 대부분 시간을 제한한다. 샤워를 할 때 이미 많은 사람이 사용했다면 뜨거운 물이 잘 안 나오는 불상사가 벌어질 수도 있다.

여성의 경우, 캠핑장 샤워 시설을 사용하기 힘들다면 인근 수영장을 이용하는 것도 좋은 방법이다. 대부분의 캠핑장은 수영장 인근에 위치해 있다. 수영장에는 온천 시설도 조성되어 있으므로 수영뿐만 아니라 온천도 즐길 수 있다. 수영장은 600크로나(kr) 정도면 사용할 수 있다. 레이캬비크와 아쿠레이리의 캠핑장은 수영장이 바로 옆에 있어 매우 편리하다.

세탁

세탁기와 건조기는 중간 규모 이상의 캠핑장에 구비되어 있고, 소규모 캠핑장에는 구비되어 있지 않다. 코인식으로 세탁기를 운용하기도 한다. 작은 캠핑장의 경우 세탁물을 직접 받아서 세탁을 해주기도 한다.

와이파이(wifi)와 충전

캠핑장에 휴게실이 있다면 무료
로 와이파이를 이용할 수 있다(휴
게실이 없다면 사용 불가능). 와이
파이를 반드시 이용해야 할 경
우, 인근 호텔에 가 잠시 와이파
이를 이용해도 되겠냐고 물어보
면 대부분 쓸 수 있게 해준다. 아
이슬란드는 와이파이 사용 환경
이 잘 구축되어 있는 나라다. 그

래서 많은 여행자가 레스토랑이나 카페에서 식사를 하며 와이파이를 사용한
다. 여행 중에 계속 사용하고 싶다면 공항면세점에서 노바(Nova) 유심카드를
구입하여 장착하면 된다. 등록해야 하는 불편함을 없앤 노바 유심카드는 장착
직후 바로 편리하게 사용할 수 있다.

캠핑장 휴게실에서는 카메라나 스마트폰 같은 전자 제품들을 무료로 충전할
수 있다(휴게실이 없는 경우 충전 불가능). 여행 출발 전에 차량용 충전잭(듀얼로
준비하면 2개를 동시에 충전할 수 있음)을 미리 준비해 가면 좋다. 준비하지 못했
다면 어쩔 수 없이 레스토랑이나 카페 혹은 마트에서 충전해야 한다.

캠핑장 입구 게시판에는 캠핑장 구비
사항이 표시되어 있다. 따라서 미리 확
인하면 캠핑장을 좀 더 편리하게 이용할 수 있다.

날씨

아이슬란드 캠핑 여행을
하는 데에서 날씨는 매우
중요하다. 일반적인 아이
슬란드 여행은 예약 숙소
에 묶여 여행 루트 수정
이 쉽지 않은 반면, 캠핑
여행은 마음 가는 대로
이동하면 되기에 여행 루
트를 자유롭게 수정할 수
있다. 다만, 여행 루트를
수정할 경우 반드시 염두

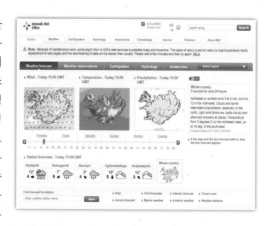

에 두어야 하는 것은 날씨 상황이다. 아이슬란드의 일기예보는 http://en.
vedur.is/weather/forecasts/areas/#station=6420을 통해 확인할 수 있다.

ICELAND

아이슬란드
Eating Top 10

얌얌~
Eating

바이야린스 베즈티(Bæjarins Beztu)

레이캬비크에 오면 꼭 먹어야 한다는 유명한 레이캬비크 핫도그 가게이다. 콘서트홀인 하르파 근처에서 사람들이 길게 줄 서 있는 전통의 핫도그 가게로, 70년 넘게 한 장소에서 핫도그를 팔고 있다.

앉아서 먹을 장소가 적어 여기저기서 편하게 핫도그를 먹는 장면이 인상적이다. 가격은 보통 5천 원 정도 하는데 미국 전 대통령 클린턴도 자주 먹었다고 할 정도로 유명하다. 튀긴 양파와 소시지, 겨자소스, 마요네즈, 케첩만 넣어주지만 맛의 비결은 소스에 있다.

카페 로키(Cafe Loki)

할그림스키르캬 교회 앞쪽에 있는 카페로, 양머리 고기와 상어 고기로 만든 아이슬란드 전통 요리가 유명하다. 다들 호기심을 가지고 먹지만 한국인의 입맛에는 맞지 않다.

하지만 2층에서 커피와 케이크를 먹으며, 아름다운 할그림스키르캬 교회를 보는 여유를 누릴 수 있다.

누들 스테이션(Noodle Station)

카페 솔론에서 할그림스키르캬 교회로 올라가
는 스콜라보르구스티구르 거리에 있는 일본식
음식점이다. 추운 나라인 만큼 뜨거운 국물을
좋아하는 아이슬란드 사람들에게 인기가 많다.
주로 치킨과 쇠고기가 들어간 누들이 인기 있
다. 스콜라보르구스티구르 거리에서 로우가베
이걸 거리에 있는 보니스 앞으로 2015년 7월에
이동했다.

샌드홀트(Sandholt)

로우가베이걸 거리에 있는 맛 좋은 빵집으로, 2002년 대한민국에서 있었던 세계요리박람회에서 금상을 수상하기도 했다.

개당 빵 가격은 비싸지만 신선한 재료를 사용하기에 사람들의 발길이 끊이지 않는다. 입구 쪽에 있는 유기농 잼도 인기 품목이다.

라우가 에즈(Lauga-as)

레이캬비크의 캠핑장 오른쪽에 현지인들에게 유명한 맛집이 있다. 평일에는 점심때 예약한 경우나 시간에 맞춘 손님만 받고 오후 5시 이후부터 레스토랑을 시작한다. 아이슬란드에서 맛본 음식 중 가장 입맛에 맞았는데, 스테이크나 생선 요리를 먹을 때 입 안에서 소스와 함께 녹는 맛은 잊을 수 없다.

주말에는 30분 이상 기다려야 먹을 수 있으니 미리 예약하고 가는 게 좋다. 정식 메뉴는 3,500kr로 비싸다고 생각할 수 있지만 우리나라의 스테이크 정식도 4만 원 정도는 하기 때문에 북유럽인 아이슬란드에서는 그리 비싼 가격은 아니다. 어린이 메뉴는 800kr로 저렴하다.

세트 메뉴는 가격이 조금 비싸다. 하지만 스프부터 후식까지 푸짐하여 돈이 아깝다는 생각은 들지 않는다.

레스토랑 스콜라브루(Restaurant Skóiabrú)

티외르닌 호수 근처의 시청사를 따라 내려가면 스콜라브루 레스토랑이 길가에 보인다. 이 집은 아이슬란드 전통 형태의 집에 아이슬란드 전통 음식을 코스 요리로 먹는 곳으로, 가격은 비싼 편이다.

와인이 들어간 바다오리, 부드러운 살코기 요리, 바닷가재 요리 등이 인기가 많다. 분위기를 느끼기 위해서 커피만 400kr를 주고 마시면서 아이슬란드의 전통 집을 볼 기회를 갖자.

▶ **위치** : 티외르닌 호수 오른쪽 시청 옆 두 번째 집
▶ **운영 시간** : 12~22시
▶ **식사비** : 메인 코스 요리 3,800~5,000kr / 커피 400kr

티외르닌 호수 옆으로 가는 길 ▲

비드 보긴(Við Voginn)

듀피보구어는 산과 산 사이에 만으로 형성된 마을이다. 지형이 안정적이고 바다에 접해 있어 바람이 많이 불 거라 생각했는데 의외로 바람이 없고 따뜻하다. 랑버드는 시간에 맞추어 음식을 먹을 수 있지만, 비드 보긴 레스토랑은 햄버거도 팔고 투어 예약도 받고 있어서 시간에 관계없이 먹을 수 있는 음식점이다. 햄버거는 안에 직접 구운 맛 좋은 스테이크 고기가 들어가서 정말 맛이 일품이다.
햄버거 세트 메뉴는 가격이 1,500kr로 조금 비싸다. 하지만 버거의 크기와 곁들여 나오는 감자튀김은 돈이 아깝다는 생각을 들지 않게 한다.

아쿠레이리 바우틴(BAUTINN)

부담 없는 가격이 가장 큰 장점이지만 인테리어가 다소 어둡다. 직원들은 매우 친절하다. 피자와 샐러드에서부터 퍼핀, 고래 고기 등 다양한 요리가 나온다.

▶ **위치** : Hafnarstraeti 92
▶ **운영 시간** : 24시간
▶ **식사비** : 1,600~3,400kr

감리 바이린 카페(Gamli Baerinn)

늦게까지 운영하기 때문에 저녁 식사를 하기에 좋은 카페이다. 커피, 케이크 등을 주로 팔지만 밤에는 캐나다 곤들매기와 칩스, 라자냐 같은 간단한 식사를 판다. 깨끗한 내부 인테리어에 맛도 좋은 카페이다.

▶**식사비** : 메인요리 1,700~2,800kr
▶**운영 시간** : 5~9월 10am~10pm
▶**전화번호** : 464-4270

아쿠레이리 블라 칸난 카페(Bláa Kannan Cafe)

서점 정면에 있는 밝은 파란색의 벽면이 인상적인 카페다. 점심 스페셜로 커피와 스프, 샐러드와 메인 요리를 주는데 맛이 좋고 가격도 저렴해 인기가 많다. 점심시간보다 조금 일찍 가야 자리를 잡을 수 있다.

▶**위치** : Hafnarstraeti 96
▶**운영 시간** : 오전 08:30~오후 11:30
▶**식사비** : 1,500~3,500kr

263

ICELAND

아이슬란드
Sleeping Top 10

sleeping

쿨쿨~
Sleeping

웰컴 아파트먼트 (Welcome Apartments)

할그림스키르캬 교회에서 로우가베이걸 거리로 내려와 해안 쪽으로 한 블록을 더 가면 있다. 숙소를 전문적으로 대여하고 있는 아파트로, 침실과 거실이 함께 있는 오피스텔식으로 되어 있고 욕실도 커서 매우 좋다. 로우가베이걸 거리까지는 1분이면 갈 수 있고 할그림스키르캬 교회와도 도보 5분 정도의 거리에 있다. 주차장은 건물 뒤에 있는데, 10대 정도 주차 가능하다.

▶ **홈페이지 :** www.welcome.is
▶ **주소 :** Vatnsstigur 11, Reykjavik 101
▶ **전화 :** +354-551-0203
▶ **요금 :** 더블 €79~
▶ **위치 :** 위도 64.14638, 경도 21.92598

레이캬비크 로프트 호스텔(Reykjavik Loft Hostel)

가장 번화한 로우가베이걸 거리에서 가장 좋은 위치에 있다고 해도 과언이 아니다. 위쪽으로 할그림스키르캬도 보이고 오른쪽으로 내려가면 편의점 1011도 있어 밤에도 원하는 물품을 사는 데 문제가 없다.

호텔과 비교해도 전혀 떨어지지 않을 정도로 시설이 좋다. 공항에서 시내로 들어오는 공항 버스가 있어 호스텔 문 앞에 내려준다. 무료 인터넷 사용이 가능하여 편리하게 여행을 즐길 수 있다.

▶홈페이지 : www.hostel.is/Hostels/Reykjavikloft
▶주소 : Bankastræti 7
▶전화 : +354-553-8140
▶요금 : 도미토리 5,500kr~

람바펠 호텔 (Rambafell Hotel)

개인이 운영하는 스코가포스 근처의 호텔로, 작은 규모이지만 깨끗하다. 객실 19개에는 TV와 세면대가 있고, 간단한 토스트와 스퀴르로 조식도 즐길 수 있다. 욕실이 딸린 룸도 있다 (아이슬란드에는 욕실이 딸린 호텔이 많지 않다).

▶ **위치** : 스코가포스에서 5분 거리
　　　　　(위도 63.54503, 경도 19.63185)
▶ **1박 비용** : 싱글 10,700Ikr 더블 14,500Ikr

호텔 에다 호픈(Hotel Edda Höfn)

항구에 위치해 풍경이 아름다운 호텔 에다로 주변에는 맛집들과 레스토랑이 있어 늦게까지 즐길 수 있다.

▶ **위치** : 호픈 항구 오른편
▶ **운영 기간** : 6월~8월 중순
▶ **숙박비** : 14,600/18,300kr

가룬 아쿠레이리 게스트하우스
(Garun Akureyri Guesthouse)

아쿠레이리의 번화가 옆에 위치한 게스트하우스로, 편리하게 아쿠레이리를 여행할 수 있다. 옆에는 늦게까지 영업하는 마트도 있어 원하는 물품을 구입하기가 쉽다. 조식을 제공하지만 부실하다. 앞에는 식당이 위치하고 있어 사 먹는 경우가 많다.

케아 호텔 (Kea Hotel)

1944년에 지어진 아쿠레이리의 최고급 호텔. 옛 건물이라 구식이지만 최고급 객실에서는 발코니에서 피오르가 보인다. 작은 객실은 최근 리모델링해 현대적인 분위기로 고급스럽다.

▶ **위치** : Hafnarstraeti 87-9
▶ **홈페이지** : www.keahotels.is
▶ **1박 비용** : 싱글 22,000kr, 더블 28,400kr

레이캬비크 시티 호스텔 (Reykjavik City Hostel)

레이캬비크의 캠핑장 옆에 위치한 호스텔로, 번화가에서
는 떨어져 있지만 옆에는 풀장이 있고 넓은 캠핑장이 있
다. 많은 관광객과 친구처럼 지낼 수 있는 호스텔이다.
시내로 들어가려면 14번 버스를 타고 10분이면 도착할
수 있다.
근처에 1011 편의점이 있어 밤에도 원하는 물품을 구입할
수 있다. 편의 시설이나 침실 시설이 좋다. 식당과 조리실
이 깨끗하고 넓어 원하는 음식을 직접 해 먹기에도 좋다.

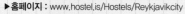

▶ 홈페이지 : www.hostel.is/Hostels/Reykjavikcity
▶ 주소 : Sundlaugavegur 34
▶ 전화 : +354-553-8110
▶ 요금 : 도미토리 6,500kr~

에이스 게스트하우스 (Ace Guesthouse)

한국으로 돌아가는 항공기의 시간은 모두 아침 일찍 탑승하도록 되어 있다. 그래서 레이캬비크에서 오는 것이 쉽지 않을 수 있다. 이럴 때는 케플라비크 국제공항 근처의 호텔이나 게스트하우스에서 묵는 것이 좋다. 그중에서 가장 좋은 게스트하우스로, 말이 게스트하우스지 거의 시설 좋은 타운하우스처럼 개인이 만든 큰 저택이다. 집 앞에 나오면 멀리 바다가 보이고 집 옆에는 개인 온천풀도 있다.

방은 7개인데, 싱글과 더블룸으로 공용 욕실을 사용할 수도 있고 개인 욕실이 딸린 방들도 있다. 거실 옆에는 커다란 주방이 있는데 주방에는 미리 조식을 준비해놓기 때문에 아무 때나 먹거리를 먹을 수 있다. 커피머신의 커피도 맛이 있어 여행의 피로를 풀어준다. 아이슬란드 여행에서 가장 좋은 숙소로 기억되는 곳이다. 체크인을 하면 주인은 돌아가는데, 문제가 생기면 문 옆에 적어놓은 연락처로 연락하면 된다.

▶홈페이지 : www.hostel.is/Hostels/Reykjavikcity
▶주소 : Sundlaugavegur 34
▶전화 : +354-553-8110
▶요금 : 도미토리 6,500kr~

아쿠레이리 호스텔 (Akureyri Hostel)

아쿠레이리의 캠핑장 옆에 위치한 호스텔로, 번화가에서는 약 3분 거리에 있다. 레이캬비크처럼 캠핑장 옆에는 아쿠레이리 수영장이 있고 넓은 캠핑장과 많은 관광객이 북부 지방을 여행할 때 처음으로 많이 가는 호스텔이다. 근처에 편의점이나 마트가 없어 밤에는 원하는 물품을 구입할 수 없다. 식당과 조리실이 있어 원하는 음식을 직접 해 먹을 수 있다.

▶홈페이지 : www.ibudaakureyri.is
▶주소 : Skipagata 2 Akureyri 600
▶전화 : +354-898-0801
▶요금 : 더블룸 12,500kr~

호텔 에다 스토러자르니어
(Hotel Edda Storutjarnir)

호수 풍경이 아름다운 호텔이다. 호텔이라는 생각을 가지고 숙박을 하면 실망할 수도 있다. 아이슬란드 호텔은 호텔이라는 생각보다는 게스트하우스보다 시설이 조금 더 좋다는 생각으로 있어야 실망하지 않는다.

에다 호텔도 시설은 낡았지만 깨끗하고 아름다운 풍경이 실망감을 줄여준다. 아이슬란드에 있는 에다 호텔 중에서는 시설이 나쁘지 않은 축에 속한다. 공용 욕실과 화장실을 사용하는 경우부터 방 안에 욕실과 화장실이 있는 경우까지 다양하다. 따라서 사용할 방에 공용 욕실이 딸려 있는지 개인 욕실이 딸려 있는지를 확인하자.

▶**홈페이지**: www.eddahotel.is
▶**주소**: Storutjarnir, Road no1
▶**전화**: +354-444-4000
▶**요금**: 더블룸 15,500kr~
▶**위치**: 북부 미바튼 근처